Liderança
Shakti

Nilima Bhat & Raj Sisodia

Liderança Shakti

O EQUILÍBRIO DO PODER FEMININO E MASCULINO NOS NEGÓCIOS

ALTA BOOKS
EDITORA
Rio de Janeiro, 2019

Liderança Shakti: o equilíbrio do poder feminino e masculino nos negócios
Copyright © 2019 Starlin Alta Editora e Consultoria Eireli
Copyright © 2018 Casa Educação Soluções Educacionais Ltda.
SHAKTI LEADERSHIP Copyright © 2016 by Nilima Bhat and Raj Sisodia.
Published by arrangement with Berrett-Boehler Publishers, Inc. All rights reserved.

Publisher: Lindsay Viola
Tradução: Diana Murh
Revisão: Nathalie Fernandes Garcia e João Paulo Putini
Diagramação: Carlos Borges Jr.
Capa: Light Criação
Desenvolvimento inicial de projeto gráfico: Ana Grazielle de Sá Almeida
Produção Editorial - HSM Editora - CNPJ: 01.619.385/0001-32

Todos os direitos estão reservados e protegidos por lei. Nenhuma parte deste livro, sem autorização prévia por escrito da editora, poderá ser reproduzida ou transmitida. A violação dos Direitos Autorais é crime estabelecido na Lei nº 9.610/98 e com punição de acordo com o artigo 184 do Código Penal.

Erratas e arquivos de apoio: No site da editora relatamos, com a devida correção, qualquer erro encontrado em nossos livros, bem como disponibilizamos arquivos de apoio se aplicáveis à obra em questão.

Acesse o site www.altabooks.com.br e procure pelo título do livro desejado para ter acesso às erratas, aos arquivos de apoio e/ou a outros conteúdos aplicáveis à obra.

Suporte Técnico: A obra é comercializada na forma em que está, sem direito a suporte técnico ou orientação pessoal/exclusiva ao leitor.

A editora não se responsabiliza pela manutenção, atualização e idioma dos sites referidos pelos autores nesta obra.

Publicado com apoio do Instituto Capitalismo Consciente Brasil.

Dados Internacionais de Catalogação na Publicação (CIP)
Andreia de Almeida CRB-8/7889

Liderança Shakti : o equilíbrio do poder masculino e feminino nos negócios / Nilima Bhat, Raj Sisodia ; tradução de Diana Murh. – Rio de Janeiro : Alta Books, 2019.
216 p.

Bibliografia
ISBN: 978-85-508-0751-5
Título original: Shakti leadership

1. Liderança 2. Negócios 3. Sucesso nos negócios I. Título II. Sisodia, Raj III. Murh, Diana

18-0023   CDD 658.4092

Índices para catálogo sistemático:

1. Liderança

Rua Viúva Cláudio, 291 — Bairro Industrial do Jacaré
CEP: 20.970-031 — Rio de Janeiro (RJ)
Tels.: (21) 3278-8069 / 3278-8419
www.altabooks.com.br — altabooks@altabooks.com.br
www.facebook.com/altabooks — www.instagram.com/altabooks

Para Shakti e todos os que me ajudaram nesta jornada, especialmente Ganesha, Swami Sivananda, Sri Aurobindo, a Mãe, papai, mamãe, Fr. Lancy, Vijay Shravan e Shambhavi.

- Nilima

Às almas extraordinárias no Chittasangha ("Consciência Colaborativa"), por aumentarem enormemente meu entendimento de consciência e liderança; e para minha mãe, Usha, minha irmã, Mangu, e minha esposa, Shailini, que, para mim, incorporam Shakti.

- Raj

Primeiro prefácio da edição brasileira

Como as lideranças globais estão lidando com os episódios que tanto têm chocado a humanidade? Desde os ataques terroristas, as guerras no Oriente Médio, os movimentos migratórios, o sequestro de jovens meninas na África, a crescente onda do populismo na América Latina, o fortalecimento da direita radical em várias democracias, culminando com a eleição de Donald Trump nos Estados Unidos. Este mundo complexo e de constantes mudanças cada vez mais exige que os líderes sejam verdadeiramente mais conscientes e entendam seu papel "maior", em direção a um mundo sustentável para os seres humanos.

Desde a fundação do Capitalismo Consciente no Brasil, passei a acompanhar de perto o desenvolvimento desse movimento no país e tive a oportunidade de conhecer o Professor Raj Sisodia com um pouco mais de proximidade, seja nas palestras, almoços ou encontros de trabalho, e foi em uma dessas interações que ele comentou sobre o livro que estava finalizando com Nilima Bhat. Naquele instante, despertou-me a curiosidade de conhecer a jornada daquela mulher nascida na Índia, com experiências em grandes corporações como Philips e ESPN, que viveu em Singapura, Londres e Hong Kong, mas acima de tudo aprender como a Liderança Shakti, que vem com o binômio desafiador AMOR e CUIDADO, poderia transformar os negócios inconscientes, nos quais o medo e o estresse são os ícones.

Sociedades por todo o mundo têm tradicionalmente desvalorizado qualidades e perspectivas consideradas femininas. O livro aborda esse tema como o principal fator que imprime uma liderança em moldes antiquados e inconscientes, colocando como relevante uma amálgama renovadora, a união de aspectos masculinos e femininos como uma revolução auspiciosa para as lideranças atuais.

Dividido em oito capítulos, este livro é um precioso elixir em nossas mãos. Ao degustar cada capítulo, podemos perceber que existe um sistema orientador gradativo de abertura de emoções e comportamentos que vão desde a reflexão até uma nova relação com o ambiente.

A ligação de um capítulo com outro nos mostra, ao final, o desabrochar de uma ideia, de um mundo pleno e livre, que deverá favorecer a humanidade como um todo.

A cada capítulo, o leitor poderá fazer suas próprias reflexões e identificar seu nível de consciência em cada tema proposto. Você é convidado a interagir e refletir, tornando a experiência da leitura muito mais rica e profunda.

As entrevistas com líderes de diversos setores da economia global, as suas experiências e comentários sobre cada dimensão relacionada tornam a leitura do livro ainda mais rica e recheada de histórias reais.

A LIDERANÇA SHAKTI propõe um caminho para se acessar a chave mestra através da PRESENÇA, sendo necessário passar por uma jornada heroica, um conhecer a si mesmo que, se bem-sucedido, despertará uma capacidade profunda: nosso SHAKTI latente, através do qual ganharemos acesso a recursos mentais e emocionais. A Presença está ancorada no estado consciente que desenvolve três habilidades: Totalidade, Flexibilidade e Congruência.

E você? É um líder consciente? Equilibrado? Você se lidera? Você se percebe como uma Liderança Shakti? Boa leitura.

Eliana Tameirão
Ex-CEO da Sanofi-Genzyme.

Segundo prefácio da edição brasileira

Este livro apresenta uma visão da evolução do capitalismo pari passu à organização da sociedade e suas complexidades adjacentes.

Não podemos falar de modificações nas organizações se não entendermos as questões da sociedade, suas estruturas e adaptações às mudanças que hoje ocorrem sem precedentes.

Para que ocorram essas adaptações – e que elas também signifiquem evolução –, temos que pensar em uma nova forma de atuação, pois não existe sociedade que não seja um reflexo do nível de consciência de seus membros. Isto ocorre tanto na nossa vida pessoal como na profissional.

Já foi abordado anteriormente em outros livros, como em *Capitalismo Consciente* e *Todos São Importantes*, ambos do Raj Sisodia, a relevância de se tratar os negócios e empresas de outra maneira. Mas, agora, Nilima Bhat e Raj Sisodia abordam com brilhantismo que, se quisermos ir para outro lugar mais evoluído na vida, nas empresas e também na sociedade como um todo, precisaremos refletir sobre a construção de uma liderança mais consciente.

Liderança é um dos quatro pilares do Capitalismo Consciente. Segundo esse conceito, para termos uma liderança mais consciente, precisamos de indivíduos mais conscientes, mais preparados, com mais atitudes. Essas atitudes devem ser integradas com seus valores e esses devem ser definitivamente refletidos em suas ações.

A partir dessa análise, o livro nos leva a uma jornada muito prazerosa e profunda sobre nossas crenças, nossos posicionamentos, frente ao novo modelo que se desenha para uma liderança que nos conduzirá a um novo lugar mais consciente.

Esse lugar inclui pensar em qual tipo de liderança existe hoje e de qual liderança precisamos para dar respostas ao mundo atual, que é dinâmico e possui valores diferentes. Para darmos conta de tudo, é preciso termos uma liderança que seja integral, inclusiva e que abranja as diversas polaridades: energia do masculino e feminino, ativo e passivo, coração e razão.

É muito importante sabermos que existe o momento para usarmos cada uma das polaridades, as quais vemos traduzidas no consciente e inconsciente, aproximação e afastamento, individual e coletivo, drama e *dharma*, ganho e perda, ego e espiritualidade, cooperação e competição.

Cada vez mais, os desafios contemporâneos exigem uma liderança com características femininas, com suas qualidades "maternais" traduzindo-se em todas as formas de cuidado. O feminino é o que cuida. E o mundo, com suas feridas ambientais e com tanta intolerância ao diferente, precisa, mais do que nunca, de cuidados.

Mulheres constroem os vínculos, desde os tempos da cultura tribal, e isso se reflete na sociedade e no ecossistema. Os homens são mais individualistas, hierárquicos e predadores. Tomam para si a ciência como verdade absoluta e ignoram outros "saberes". Nas pesquisas de EQI 2.0 (instrumento que mensura nossa inteligência emocional), existem características que são mais frequentes entre os homens, como capacidade de tomar decisões. As mulheres se destacam mais nas relações interpessoais e expressões emocionais. Não quero dizer aqui que um seja melhor do que o outro, mas sim que deve haver a integração e valorização de ambos.

A velha sociedade patriarcal, da liderança que se coloca como orgulhosa, se achando melhor e mais sábia que as demais, não tem mais lugar. A base dessa sociedade é o domínio do homem sobre a mulher, do intelecto sobre a emoção. É o terreno que reforça a polaridade, que se reflete até na forma de fazer negócios, e que tanto mal fez – e ainda faz – às pessoas. Não podemos esquecer também que foram as mulheres que criaram seus filhos e também que fomentaram esses valores. Nem mesmo elas se valorizaram muitas vezes.

A princípio, as mulheres que conquistaram seu espaço e tinham sucesso nos negócios reproduziam a imagem masculina, o jeito de agir dos homens. No mundo contemporâneo, os limites entre masculino e feminino estão mais tênues e se misturam. Sabe-se que as duas energias são necessárias, e complementares. E que nenhuma delas deve se sobrepor à outra.

Nesse novo caldo cultural, se insere o Capitalismo Consciente. Ele não é só lucro, tem um papel essencial no desenvolvimento econômico e social. São outros valores e propósitos que vêm se somar aos negócios, que devem ser regidos por um equilíbrio necessário entre o masculino e o feminino.

Todas as polaridades são graduais e cíclicas, ou seja, nada é totalmente positivo ou negativo e, entre uma e outra polaridade, está o neutro. Na vida, na liderança e em nosso desenvolvimento, necessitamos da busca do equilíbrio, necessitamos almejar esse lugar neutro. Às vezes, essa busca reproduz a jornada do herói, citada no livro como forma de recuperarmos a nossa homeostase psíquica e nos proporcionar a evolução para um próximo nível, em um crescimento dialético.

Em uma frase famosa, Einstein diz: "Não solucionaremos os problemas no mesmo nível que os criamos". Da mesma forma, o Capitalismo Consciente está propondo um novo lugar que exige que tenhamos um conhecimento nada trivial de nós mesmos.

Sou uma entusiasta do autoconhecimento e os tempos atuais me estimulam, cada vez mais, a ser uma ativa partícipe dessa jornada de incentivo ao mergulho mais profundo em si mesmo para encontrar toda a nossa potencialidade. Só assim poderemos lidar com as nossas "sombras", nos tornando inteiros e integrados ao todo.

Não à toa, na Fellipelli o nosso propósito é "impulsionar cada indivíduo a explorar positivamente seu potencial através do autoconhecimento, proporcionando o seu desenvolvimento e evolução na vida". Ao evoluirmos no nosso autoconhecimento, aprendemos que é preciso "tocar" outras áreas do nosso ser, fugir do registro apenas racional.

Assim, entenderemos que pensar e saber são completamente diferentes. Quando é sua mente que "fala", o que foi dito logo se evapora. Mas quando se "fala" a partir do seu ser (*self*), você toca diretamente o *self* do outro e este se lembrará.

Termino com um importante pensamento: "O indivíduo, uma organização ou mesmo uma civilização continuarão a crescer fortes contanto que tenham metas claras e convidativas. Quando se envolvem em ações que não estejam alinhadas com seus propósitos, começam a morrer, primeiro espiritualmente, em seguida mentalmente e, finalmente, fisicamente" (Palmer).

Adriana Fellipelli
CEO da Fellipelli Instrumentos e Consultoria Organizacional.

Prefácio da edição original

Este livro incrível surge em um momento muito oportuno, uma interseção evolucionária na qual a reinvenção das possibilidades de liderança pode exercer um papel positivo de grande peso em nossas vidas. A Liderança Shakti, baseada em uma vasta pesquisa, resume com maestria o melhor da sabedoria perene e, ao mesmo tempo, inclui ao repertório de líderes de todo o mundo práticas poderosíssimas na vida real.

Em essência, Shakti é a força criativa da qual emergem todas as estruturas. Nilima e Raj desvendam seus aspectos com um estilo acessível e fácil de entender. Eles nos guiam em poderosos processos para integrar imediatamente o melhor da Liderança Shakti em sua vida e na organização, como, por exemplo, encontrar sua Presença em meio a uma atividade frenética e como substituir competição por parceria e equilíbrio dinâmico. O livro abrange as questões mais atuais e urgentes tanto para homens quanto para mulheres.

Gostamos especialmente do conteúdo interativo do livro que inter-relaciona, capítulo a capítulo, todos os aspectos do ser e do fazer, para integrar a sabedoria do autor. Com o canto melódico de um convite e das possibilidades, Raj e Nilima instintivamente rejeitam os alertas e o ceticismo que podem ser despertados por uma exploração consciente. A mensagem central realmente ecoa por todo o livro: "É hora de sermos mais ousados". No cerne da mensagem da Liderança Shakti está a liberação da energia criativa que ficou acobertada por milhares de anos do medo do poder feminino, tanto por homens quanto por mulheres. Você é guiado por atividades de reinvenção estrutural, relacional e interna que ao mesmo tempo desafiam e expandem sua criatividade e sua capacidade de entrar com confiança no desconhecido.

Liderança Shakti foi escrito para aqueles que estão dispostos a sair do modelo de hierarquia e entrar em novos ritmos de colaboração e invenção, onde move-se junto, e não contra, e abertos a dar boas-vindas à intuição nas salas de reunião e à harmonia em nossos corações. Você experimenta um novo entendimento de Presença que se torna central na descoberta de um futuro diferente e em um mundo onde o poder criativo de cada um pode fluir em uma estrutura vital e integral. Em *Liderança Shakti*, você verá uma série de diálogos estimulantes que passeiam entre a lógica e os sentimentos, o logos e o mito, e outras dinâmicas que intrigam entusiastas da consciência há séculos. Este é um livro que aproxima diversas tradições para que você possa ampliar sua capacidade de liderança agora e no futuro.

Gay Hendricks e *Kathlyn Hendricks*
Instituto Hendricks – Dezembro de 2015.

Sumário

Primeiro prefácio da edição brasileira — VII
Segundo prefácio da edição brasileira — IX
Prefácio da edição original — XI

PRÓLOGO – Uma crise de consciência e liderança — 3

CAPÍTULO 1 – Buscando Shakti — 17
CAPÍTULO 2 – Liderando com Shakti — 35
CAPÍTULO 3 – Presença: a chave mestra — 49
CAPÍTULO 4 – A jornada heroica — 63
CAPÍTULO 5 – Tornando-se pleno — 85
CAPÍTULO 6 – Cultivando a flexibilidade — 103
CAPÍTULO 7 – Alcançando a congruência — 129
CAPÍTULO 8 – A promessa da liderança Shakti: um mundo pleno e livre — 147

EPÍLOGO – Shakti fala — 167

Notas — 183
Agradecimentos — 193
Sobre os autores — 197

PRÓLOGO

Uma crise de consciência e liderança

Nós precisamos mesmo de outro livro sobre liderança? As estantes de livros em todo o mundo estão abarrotadas pela produção inesgotável de livros sobre liderança. Mas a dura realidade é: a forma como lideramos está longe de ser a que precisamos. Nossa visão parcial atual é a causa de uma vasta gama de problemas contemporâneos, incluindo o colapso social, a degradação do meio ambiente, as epidemias de estresse e depressão e a corrupção nas empresas e no governo. Tanto os homens quanto as mulheres foram condicionados a valorizar características de liderança que tradicionalmente são consideradas masculinas: hierárquica, individualista e militar. Nós já sofremos demais por essas consequências desastrosas e não é mais aceitável continuarmos sofrendo por elas. A origem do problema é bem clara: sociedades por todo o mundo têm consistente e claramente desvalorizado qualidades e perspectivas tradicionalmente consideradas femininas. Desde o início dos tempos, a sabedoria e a perspectiva única de mais da metade da humanidade foram amplamente excluídas para que não influenciassem em como vivemos e trabalhamos. Como isso não levaria a uma disfunção grave?

Na tentativa de resgatar o poder feminino e restaurar o equilíbrio de energias tanto para homens quanto para mulheres, este livro traça um novo caminho baseado em uma sabedoria atemporal. Resgatado de ensinamentos antigos, espirituais e míticos, nós reanimamos um arquétipo feminino de liderança: regenerador, cooperativo, criativo e empático. Na tradição indiana iogue, essas características são associadas com Shakti: a fonte da criação, sustentação e transformação que alimenta o ciclo da vida. Todos nós precisamos do poder e da energia primordiais que é Shakti – criativa, incansável e restaurativa.

Líderes que entendem e praticam a Liderança Shakti funcionam a partir de uma consciência do cuidado essencial para a vida, da criatividade e da sustentação para alcançar autocontrole interno e servir ao mundo altruisticamente. Quando líderes de ambos os sexos aprenderem a adotar essa mentalidade, poderemos recuperar a sanidade, elevar a humanidade a um novo plano e curar o planeta ao desenvolvermos juntos com alegria e consciência.

Tantas coisas mudaram

Vivemos em uma era decisiva. A humanidade parece estar à beira do precipício de uma grande mudança na nossa evolução. Após milhares de anos de crescimento gradual da população, parece que atingimos um ponto de mutação no qual nosso desenvolvimento pode dar um salto quântico para um nível completamente novo em um período extremamente pequeno.

A jornada evolutiva e de crescimento dos seres humanos certamente não parou quando passamos a andar em duas pernas, como os gráficos da evolução mostram. Na verdade, usando como referência a ordem de grandeza, estamos evoluindo e mudando em uma velocidade muito mais alta do que antes.

Um dos fatores responsáveis pelo crescimento dessa taxa é o rápido envelhecimento de muitas sociedades. Resultantes de uma combinação de uma forte queda na taxa de natalidade e de aumento contínuo da expectativa de vida, a idade mediana vem aumentando na maioria dos países do mundo. Em 1989, os Estados Unidos alcançaram o topo de uma curva demográfica: foi o primeiro ano em que havia mais adultos com mais de 40 anos do que com menos de 40. A idade de 40 anos é um marco importante na vida das pessoas; marca a passagem para a meia-idade e é frequentemente acompanhada por uma crise de propósito e significado. Muitos percebem nessa fase da vida que os valores e prioridades que os guiaram no passado não são mais pessoalmente relevantes para eles. São consumidos por questões como "Qual o propósito da minha vida?", "Que legado eu vou deixar?". Muitos percebem que a vida não pode ser apenas seu próprio sucesso material; tem que haver mais.

No ano de 1989, ultrapassamos também outro marco: haviam mais mulheres com diplomas de faculdade nos Estados Unidos do que homens. As mulheres representam agora quase 60% dos inscritos nas faculdades e em média têm notas mais altas do que os homens. É apenas uma questão de tempo até que as mulheres dominem de fato todas as profissões executivas. O aumento numérico de mulheres trará, inevitavelmente, uma presença maior dos valores femininos no local de trabalho e na sociedade como um todo. Marcará uma mudança fundamental no mundo, já que algo do tipo jamais aconteceu.

Um fato pouco conhecido é que nós, seres humanos, estamos rapidamente ficando mais inteligentes analiticamente, de acordo com os parâmetros dos testes de QI. O pesquisador na área da inteligência James Flynn analisou dados de QI coletados por 80 anos. Os dados são normalizados a 100 a cada dez anos, de tal forma que a média do QI na sociedade é sempre 100. Flynn analisou os dados brutos e descobriu um padrão impressionante: os humanos estão coletivamente ficando mais inteligentes a uma taxa de 3% a 4% a cada década. Composto sobre o período de 8 décadas, os dados sugerem que uma pessoa com inteligência mediana hoje em dia teria, em 1935, um QI de 131 e estaria no topo de 2% de inteligência daquela época. Uma mudança a essa velocidade é sem precedente: nós simplesmente não deveríamos nos desenvolver a uma taxa tão alta. Mas nós estamos.[1]

Estamos também em uma jornada de aumento de consciência. Toda a jornada da humanidade pode ser vista como um despertar gradual, tanto para o mundo à nossa volta quanto para o nosso potencial impressionante como seres humanos. Na medida em que maiores partes da humanidade saíram do estado de sobrevivência, nós conseguimos abrir os olhos e ver o todo. Em vez de focarmos em nossa sobrevivência a curto prazo, nós conseguimos agora ver como nossas ações têm consequências além de nosso ambiente imediato e como, por outro lado, somos impactados pelas ações de outras pessoas. Uma vez que percebemos as consequências de nossos atos, adquirimos um sentido mais apurado do que é certo e do que é errado. Coisas que eram aceitáveis no passado passaram a não ser mais aceitas. A velocidade da mudança tem sido impressionante. Considere o seguinte:

- Há 150 anos, a escravidão era legal e prática comum em diversos países. Os Estados Unidos viveram uma guerra civil brutal para colocar fim a essa prática desumana e degradante, e muitos outros países criminalizaram a escravidão na mesma época. Mas, se voltarmos na história da humanidade, veremos que a escravidão fez parte de toda as civilizações já existentes. A maioria das pessoas, inclusive os escravos, não via nada de errado naquilo. Hoje em dia, é muito difícil imaginar-se vivendo em um mundo como aquele.
- Cem anos atrás, quase nenhuma mulher do planeta tinha o direito de votar. Em 1893, a Nova Zelândia tornou-se o primeiro país onde todas as mulheres podiam votar nas eleições parlamentares. Nos Estados Unidos, as mulheres conseguiram o direito ao voto em 1920. Na Suíça, as mulheres não puderam votar até 1971; em 2010, a Suíça empossou sua primeira mulher no governo do partido majoritário.
- Há 75 anos, ainda havia colonialismo, que pode ser visto como uma forma de escravidão. A Índia era uma colônia inglesa.
- Há 50 anos, ainda havia segregação racial sancionada legalmente em várias regiões dos Estados Unidos.
- Há 34 anos, o trabalho infantil, o abuso animal e a degradação ambiental ainda eram comuns e legais em muitos lugares.
- Há 26 anos, o apartheid ainda existia na África do Sul.
- Até 2004, casamento entre pessoas do mesmo sexo não era permitido nos Estados Unidos; atualmente é legalizado em todo o país, assim como em outros 20 países.

Com certeza muita coisa mudou em um curto período de tempo. Como Abraham Lincoln disse, "os dogmas do passado silencioso são inadequados para o presente tempestuoso. Como nosso presente é novo, devemos pensar de uma maneira nova e agir de uma maneira nova". De forma alguma as mudanças radicais se extinguiram – ainda há muito pelo caminho. Assim como o século 19 teve como tema o fim da escravidão e o 20 o fim do totalitarismo, a história mais importante do século 21 sem dúvida será o fim de relegar a mulher e os valores femininos a segundo plano.

Atingindo o ponto de ebulição

Quando você esquenta água e a temperatura sobe, chega um momento em que a temperatura não consegue ultrapassar 100° C, e qualquer calor adicional é calor latente. A água junta energia para romper a sua estrutura líquida e se torna vapor. Existe uma mudança quântica do que era para o que se tornou. Leva tempo para atingir aquele ponto, mas quando chega a mudança, acontece rapidamente.

A humanidade parece estar neste ponto atualmente; nós estamos no ápice. Muitas pessoas de campos variados estão sentindo que estamos em um momento único de descontinuidade. Nós estamos prontos para mudar de maneira fundamental: nós ferveremos e evoluiremos ou falharemos e nos autodestruiremos.

Na expressão "O bicho vai pegar", o bicho é Shakti, o próprio poder de evolução da natureza.

A Mãe era a colaboradora espiritual do Sri Aurobindo, o notório místico indiano do século 20. Ela disse: "A única esperança para o futuro é através da mudança na consciência do homem e a mudança está prestes a chegar. Mas são os homens quem decidirão se eles colaborarão para essa mudança ou se ela será imposta a eles pelo poder das circunstâncias iminentes. Portanto, acorde e colabore!".[2]

Nós estamos numa época muito importante de grandes mudanças e de uma tensão extraordinária em estado latente. Isso aparece em nossas vidas pessoais assim como na profissional, e no que está acontecendo no meio ambiente e na nossa estrutura social. Achamos que o caos está apenas nas nossas vidas, mas está por todos os lados, então não leve para o lado pessoal! Citando o famoso discurso "Eu tenho um sonho", de Martin Luther King Jr., "Há uma urgência do momento".[3] Nossa crise é uma crise da consciência.

Como diz o ditado, um problema não pode ser solucionado no mesmo nível de consciência em que foi criado. Precisamos mobilizar as forças que nos farão evoluir para um novo patamar.

Nossa crise de consciência também é de liderança, já que, no final das contas, é o líder quem tem que resolver os problemas. Eles precisam tomar a iniciativa, em oposição a ser vítimas da situação. Líderes da consciência passada criaram os problemas que enfrentamos hoje; precisamos de líderes com uma nova consciência para resolvê-los. A maioria dos modelos de negócios e liderança atuais é visivelmente inadequada; as provas da disfunção estão por todos os lados. No local de trabalho, o nível de comprometimento dos funcionários está assustadoramente baixo por todo o mundo. Nos Estados Unidos, em média, apenas três a cada dez funcionários estão comprometidos com o trabalho, cinco são indiferentes e dois são ativamente hostis.[4] É impressionante, mas estes são alguns dos maiores números no mundo inteiro; o Gallup estima que o engajamento dos funcionários seja de apenas 13% no mundo inteiro. Sete a cada oito funcionários sentem que trabalham para empresas que não se importam com eles como seres humanos. É impossível para esses funcionários não passarem a insatisfação e a frustração para seus cônjuges e filhos. Os gastos na saúde pública estão subindo em boa parte em virtude de uma epidemia de doenças crônicas. A maioria das doenças crônicas é causada por estresse e a maior parte do estresse vem do trabalho – é um círculo vicioso. Não precisa ser assim. Não precisamos ficar exauridos com o trabalho; na verdade, pode ser uma das coisas mais significativas de nossas vidas. Mas, para conseguirmos isso, primeiro precisamos reconhecer que, em nossos locais de trabalho, falta uma parte fundamental que nos faz humanos: o lado feminino.

SHAKTI: A FONTE DE PODER DO CAPITALISMO CONSCIENTE

Os últimos anos trouxeram o início da compreensão de que precisamos repensar as bases fundamentais do capitalismo, começando pela ideia de que o capitalismo está baseado unicamente na busca de interesses egoístas, materialistas e de pessoas com mentes fechadas. Os seres humanos têm diversos impulsos primais, incluindo a necessidade de sobreviver e de cuidar. Amor e trabalho definem o que é ser humano. A filosofia do Capitalismo Consciente que está emergindo trata-se de misturar os dois. Começa perguntando: "Qual é o propósito dos negócios?". A resposta é: não é maximizar lucros, mas elevar a humanidade, atendendo às necessidades reais, oferecendo trabalho significativo, espalhando prosperidade e possibilitando mais pessoas a viverem vidas mais satisfatórias e humanas. O segundo pilar é a integração dos *stakeholders*. As empresas deveriam criar conscientemente valor multifacetado para clientes, funcionários, comunidades, fornecedores, investidores, meio ambiente, entre outros. O bem-estar de cada *stakeholder* deveria ser visto com um fim por si só e não como um meio de fazer mais dinheiro para os acionistas.

O próximo pilar do Capitalismo Consciente é que as empresas devem criar culturas que nutram e elevem a vida, o autodesenvolvimento, imbuídas de valores como confiança, responsabilidade por seus atos, cuidados e transparência. A maioria dos negócios é caracterizada por altos níveis de medo e estresse; negócios conscientes são criados com amor e cuidado.

Talvez o pilar mais fundamental do Capitalismo Consciente seja reimaginar a liderança. Líderes conscientes são basicamente altruístas. Eles se importam mais com as pessoas e com o propósito do empreendimento do que com seus próprios egos e ganhos pessoais. Eles buscam poder com e não poder sobre as pessoas.

O propósito estabelecido do Capitalismo Consciente é "elevar a humanidade" através de práticas de negócios como uma força para o bem. A sua narrativa é centrada na necessidade de cultivar uma nova consciência de como liderar e conduzir um negócio. Para isso, precisaremos de uma nova fonte de poder. "Continuar a tocar os negócios normalmente" funciona com poder egocêntrico; o Capitalismo Consciente funciona com poder baseado em Shakti. Shakti é poder que vem de uma fonte infinita interna que você pode acessar a qualquer momento. Esse poder está ligado a tudo, inclusive ao dinheiro, que tem sido o foco tradicional do trabalho.

Por que consideramos Shakti uma fonte infinita? Ao contrário do Ego que pode ser cindido, ninguém pode tirar a sua força que vem de Shakti. Você pode achar que seu poder vem do seu cargo. Se você é CEO agora, tem direito a privilégios e poder, mas se amanhã você não for o CEO, quem você será? As pessoas continuarão a respeitá-lo, admirá-lo, segui-lo? Você conseguirá manter sua identidade, conseguirá ajudar a produzir um resultado significativo daquela fonte verdadeira e não da gerada pelo cargo que você ocupava?

O nome do jogo é poder. Todo mundo quer e precisa de poder. Sem poder tudo fica estagnado. Nada pode se manifestar, se materializar. Shakti é o poder de transformação que faz ideias se tornarem realidade.

Você pode perguntar, por que Shakti, por que não Tao, que funciona com o princípio básico de *Qi*, não apenas como uma filosofia, mas também como seu poder? A diferença fundamental da tradição iogue é que Shakti não é uma força impessoal e inanimada; ela é inteligente e consciente. Você pode se relacionar com ela. Uma vez que se relaciona com ela, ela lhe serve, move-o e alimenta-o.

Criticamente, Shakti inclui também a dimensão feminina que está faltando no mundo atual e vem faltando há muito tempo – se é que ela foi incluída alguma vez. Shakti é considerada como criativa e criadora e por isso é representada como feminina. Tanto homens como mulheres podem acessá-la. Na tradição iogue, a jornada humana procura terminar com a dualidade do masculino e feminino, ou Shiva e Shakti. Não se trata de "separados mas iguais", mas evoluir em uma combinação integrada e sinérgica dos dois.

Como Shakti nos alimenta? Considere os polos norte e sul de um ímã em forma de ferradura. Existe potencial no espaço entre os polos, mas você só consegue acessar aquela energia quando insere um fio naquele espaço. Nós existimos nessa dualidade e polaridade entre homem e mulher. Nós podemos preferir nossos estilos de liderança tradicionais masculinos ou femininos, mas isso significa que somos basicamente seres cindidos, funcionando a partir de uma metade apenas do nosso ser. Como resultado, nós praticamente não funcionamos, já que a energia só flui quando as duas polaridades estão alavancadas.

Shakti, o poder que está latente em seu ser, se destrava quando você se torna íntegro, flexível e alinhado com seu propósito único. Shakti é uma força evolucionária, movendo-o em direção à realização. Quanto mais alinhado estiver com seu propósito como pessoa e como líder, mais energia surgirá em você para continuar em frente. Há um padrão lindo de reforço neste movimento: quanto mais alinhado estiver com seu propósito, mais energia terá para atingir seu propósito. É parecido com o conceito de estar em "flow".[5]

Tornar-se um líder consciente requer uma jornada de transformação. Você não se torna um líder consciente apenas fazendo cursos de "O que líderes fazem". São necessárias mudanças mais profundas para conectá-lo com bases novas e verdadeiras de consciência e poder. A pessoa que você é é o líder que você é, portanto, você tem que fazer uma jornada interna para se transformar. A obra-prima de Joseph Campbell, *A Jornada do Herói*, traça perfeitamente o caminho para a liderança e os negócios modernos. Você precisa ultrapassar a sua zona de conhecimento. É muito trabalhoso e você encontrará muitos obstáculos no caminho. É também uma viagem perigosa na qual terá que "morrer" em alguns pontos.

Os seres humanos e o universo estão evoluindo para certa direção; há uma trajetória distinta que pode ser vista. Há um propósito claro nesse processo; ele não é todo baseado em mutações aleatórias. Se conseguirmos fluir para essa trajetória e nos tornarmos parte dela em vez de nos opormos a ela, podemos acessar uma fonte extraordinária de poder. Tornamo-nos agentes do que precisa ser. Senão, essas forças infinitamente poderosas rapidamente anulam nossos poucos esforços. Como conectar-se com um lugar que o alimenta continuamente? Como tornar-se uma pessoa completa para que seja um líder completo? Como tornar-se flexível para que seja um líder flexível? Essas são as perguntas que este livro responderá.

Reinventando a liderança

Liderança é um tema constante em análises e discussões. Mesmo que já tenha havido muita transformação dos conceitos de liderança em ferramentas poderosas de negócios e outras instituições sociais, ainda há a necessidade de evoluir a liderança holisticamente. Especificamente, há necessidade de um paradigma de liderança que acesse o poder a partir dos melhores aspectos, dos níveis mais altos das naturezas masculina e feminina que estão dormentes tanto nos homens quanto nas mulheres.

No entanto, homens e mulheres que estão sentindo essa necessidade e despertando para ela nem sempre sabem onde achar orientação e apoio. Essa é a lacuna que pretendemos preencher.

O paradigma de liderança que prevalece, que nasceu do patriarcado e é originado no pensamento militar, exagera demais certos valores masculinos. É fundamentalmente uma abordagem baseada em competências, de fora para dentro. O paradigma ainda é predominantemente hierárquico, centralizador, e usa para conseguir os comportamentos almejados o sistema de recompensa e punição. Este livro busca reestabelecer o equilíbrio e a integralidade dos líderes despertando as habilidades femininas inatas de liderança que estão dormentes dentro de cada um. Isso é feito através de uma abordagem de dentro para fora baseada em consciência que se alimenta diretamente de Shakti, o poder e a inteligência primordial que cria, sustenta e evolui nosso mundo. Uma vez que é a fonte criativa, original, que dá Vida, é considerada feminina. Ela complementa o princípio de percepção ou consciência que é considerado masculino.

Um breve compêndio sobre Shakti

Na tradição iogue, Shakti é o princípio feminino da energia divina. Ela é considerada como energia feminina por que é responsável pela criação, assim como mães são responsáveis por partos. Shakti se manifesta como energia, poder, movimento, mudança e natureza. É o princípio maternal, simbolizando o alimento, calor e segurança. O mundo não conhece nenhum amor maior do que o amor materno, que oferece seu corpo para carregar e alimentar a criança e sacrifica a si mesmo para criar uma criança. O princípio paterno é Shiva, simbolizando consciência pura. Shiva é visto como "o observador imutável, inabalável e ilimitado".[6]

A filosofia iogue se refere a três formas de Shakti impactando o corpo, a mente e o espírito.

- *Prana Shakti* é a força vital do corpo físico, que governa nossas ações, funções e nossos órgãos.
- *Chitta Shakti* é a governança de nossas funções mentais, como a inteligência, o pensamento, as emoções, as memórias, desejos, poder de decisão, planejamento, entre outros.
- *Atma Shakti* é o "poder causal e criativo da consciência".[7]

No advento da criação, nossas essências ficaram cindidas na dualidade Shiva-Shakti. Cada um traz Shiva e Shakti dentro de si, como os princípios masculino e feminino. Carregamos dentro de nós uma força poderosa que luta para se reunir com nossas partes complementares. A dissolução dessa dualidade é o objetivo da ioga, uma palavra que pode ser traduzida como "reunindo-se".

Apenas quando Shakti e Shiva se reúnem é que pode haver alguma ação, movimento ou criação significativa. Energia que não é informada pelo consciente é caótica e desordenada. Consciência sem energia está dormente e não pode fazer nada acontecer.

Essa ideia não se limita à tradição iogue. Acredita-se que o místico gnóstico Simão, o Mago, disse: "Os Éons universais consistem de dois ramos, sem começo ou fim, que nascem de uma raiz... o poder invisível e o silêncio irreconhecível. Um desses ramos é manifestado de cima e é a consciência universal que ordena todas as coisas; é designado masculino. O outro ramo é feminino e é o produtor de todas as coisas".[8]

A maioria dos livros de liderança foca no que eles fazem e alguns em como eles fazem. Como Joseph Jaworski, autor dos livros *Sincronicidade: O Caminho Interior para a Liderança* e *A Fonte: Uma Jornada À Criação do Conhecimento, A Essência da Liderança Eficaz*, que são verdadeiros marcos, coloca, a questão chave é "de onde?". De onde os grandes líderes tiram sua energia e sabedoria para liderarem tão bem como lideram? Essa fonte é Shakti. É a fonte de liderança autêntica, efetiva, positiva, que combina o masculino maduro com o feminino maduro em uma integridade que eleva a vida. A Liderança Shakti é uma nova maneira para homens e mulheres viverem e liderarem. Estando em nossa Presença plena e alinhados com a força natural da evolução, conseguimos acessar um poder infinito na busca de objetivos nobres.

Nós acreditamos que todos os líderes de hoje – homens e mulheres – precisam se tornar inteiros integrando as naturezas masculina e feminina. Todos os líderes têm que acessar seus poderes verdadeiros e liberar a criatividade e as suas habilidades de crescimento inclusivo para ajudar a solucionar diversas crises que se apresentam em variadas frentes: econômica, social, política, cultural e do meio ambiente.

Muitas mulheres ainda têm abordagens de liderança que são "mulheres liderando como homens", com resultados previsivelmente infelizes para elas próprias e para as organizações que lideram. A maioria dos homens, de maneira igualmente trágica, continua desconectada de um aspecto vital de sua humanidade – suas qualidades inatas femininas.

Precisamos urgentemente de uma nova consciência do feminino. A maioria dos homens e das mulheres, socializada no patriarcado, superdesenvolveu seus aspectos masculinos e focou em fazer tarefas. Chegou a hora, tanto para os homens quanto para as mulheres, de despertarem para o feminino interno que é inclusivo, relaciona-se e nutre.

Este livro trata da liderança como ela deveria ser para todos. Trata-se de pensar o poder de uma maneira diferente. O poder é uma fonte de corrupção e exploração quando ele é somente baseado no ego, quando ele não está em harmonia com aonde a evolução está nos levando. Quando nos alinhamos com forças evolucionárias, não precisamos nos agarrar ao poder e usá-lo como ferramenta para manipulação, opressão e supressão, servindo apenas ao nosso ego e a mais ninguém. A Liderança Shakti é baseada em poder autêntico, verdadeiro. Ele leva à realização pessoal e a um impacto positivo na vida dos outros.

Mais do que focar em liderar outras pessoas, este livro trata-se, em primeiro lugar, de liderar como um capitalista consciente ou um aspirante a agente de mudança. É um compêndio abrangente sobre como ser a mudança que você quer ver em sua empresa. É um guia passo a passo de como viver uma vida mais realizada, menos fragmentada, menos conflitante e mais harmônica. O livro lhe diz o que você deve esperar desta jornada que terá que percorrer para chegar ao objetivo.

Trata-se também de reconhecer o contexto mais amplo no qual você fará essa jornada heroica. Nós vivemos numa era de descobrir as magníficas similaridades e igualmente preciosas complementaridades entre homens e mulheres. Não se trata do "fim dos homens e ascensão das mulheres", o título enganador do importante livro da Hanna Rosin. Ao contrário, é sobre uma união extraordinária que está em processo de formação há milênios, que tem sido sinalizada pela evolução. Não se trata da dissolução de identidades de gênero, mas sim da celebração da gloriosa sinfonia das harmonias que resultam quando forças complementares finalmente começam a agir em concerto e assim realizam seu potencial infinito. Trata-se da humanidade progredir para seu próximo estágio de evolução, um estágio em que tanto homens quanto mulheres funcionam a partir de um lugar de poder autêntico – um poder exercido com o outro e não sobre o outro. Chegou a hora de acabar com a guerra dos sexos e reconhecer que nós somos muito mais do que nossos próprios gêneros. Chegou a hora de nos tornarmos completamente humanos.

CAPÍTULO UM

Buscando Shakti

Quando a força da alma desperta, ela se torna irresistível e conquista o mundo. Este poder é inerente a qualquer ser humano.
- Mahatma Gandhi

O QUE É SHAKTI?

Os antigos adeptos indianos intuíram e experimentaram a existência de uma fonte infinita de energia criativa e de inteligência amorosa. Esse mesmo poder e inteligência criaram tudo à nossa volta e dentro de nós. É o que nos permite que nossas unhas cresçam e as nossas mentes contemplem os mistérios mais profundos do universo. Chamaram essa fonte de Shakti: o poder de criação, de amor contundente, que alimenta todas as criações e dá vida à consciência. Toda a realidade é inteligente; é consciente. Ela evoluiu do seu próprio poder inato – infindavelmente se cria, se preserva e se transforma.

Pense em um carro extraordinário que foi projetado e montado perfeitamente. Sem o combustível certo, o carro não serve para nada. Da mesma forma, a consciência por si mesma é estéril, estática e inativa. Shiva – a incorporação da consciência na tradição iogue – sem Shakti é *shava* (corpo/cadáver). Shakti é o poder que alimenta tudo. Shiva representa a consciência e Shakti representa a energia. Um precisa do outro. Shakti precisa de Shiva para se materializar, senão ela fica caótica; Shiva sem Shakti fica inerte e estéril.

Shakti é vista como altissimamente inteligente e infinitamente variada. Ela representa todo o espectro de energias que formam o universo. É o combustível, o poder dinâmico, a energia cósmica primordial que manifesta o mundo e dá sustentação a ele. Dos menores espaços subatômicos ao cosmos inteiro. Como a autora e mestre espiritual Sally Kempton explica, "Shakti é a qualidade na vida que dá à vida sabor à sua natureza, a sua suculência, o seu movimento, sua energia, seu dinamismo, amor, alegria, felicidade e significado. Shakti dirige sua vida, dando-lhe a energia que faz seu coração bater e o seu cérebro ter pensamentos".[1]

Todos nós temos essa fonte inteligente e poderosa disponível para usarmos, no entanto, a maioria de nós tenta produzir nosso próprio poder distorcido e insignificante – ou tentamos tirá-lo dos outros. Nós contamos com nossos próprios egos e circunstâncias terrenas ou outras teorias criadas pelo homem – teorias que nós investimos com valor e poder, mas em última análise são desprovidas de significado.

Apesar de pós-graduações e das armadilhas do sucesso, se não estamos enraizados no nosso próprio poder criativo – nosso Shakti pessoal –, nós somos apenas uma carcaça sem alma, um carro sem combustível: um ser sem princípio vital. Nós não conseguimos chegar a nenhum nível de domínio sem antes percebermos e acessarmos este poder verdadeiro. Mas ele tem que ser exercido com responsabilidade, nutrido, e expressado para a realização da vida, e não para servir a interesses próprios de mentes limitadas.

PODER VERDADEIRO *VERSUS* PODER FALSO

Em seu instigante livro *The Soul of Money* (A Alma do Dinheiro), Lynne Twist compartilha três mitos tóxicos de escassez que muitos aceitaram globalmente como verdade: que não há o suficiente, que mais é melhor e que "isso é assim".[2] Dinheiro é só a materialização de poder ou energia; esses mitos se aplicam a todas as expressões de poder.

Retratando a nossa relação desconfortável com a própria ideia, a literatura sobre poder é marcada por discordâncias aparentemente insolúveis sobre como ele deveria ser entendido. Liderança é o exercício voluntário intencional para atingir o resultado desejado. Isso envolve usar a vontade e a força vital para gerar resultados. Infelizmente a maioria dos líderes da história praticou jogos de poder através do medo ou da força. Mas esse tipo de poder requer alguém

CAPÍTULO UM

que perca para outro poder ganhar. Como Sally Kempton diz, "O poder egocêntrico vem da experiência da sua própria limitação. Você sente que, por estar separado de sua fonte, seu poder é limitado ao que você consegue entender, representar, apreender. Essa é uma posição essencialmente fraca porque suas fontes são finitas, portanto você fica muito preocupado em manter o poder e se sente ameaçado por qualquer um que tenha poder".[3]

Qual a diferença, então, entre o poder verdadeiro e o falso? O poder verdadeiro não é poder "sobre", mas poder "com". É a diferença entre competir com os colegas para ganhos pessoais *versus* alavancar as capacidades e a força de todos para um bem comum. Quando o poder verdadeiro é exercido, ninguém tem que perder para alguém ganhar.

Os líderes Shakti falam: sobre o poder verdadeiro

Caryl Stern, CEO do U.S. Funds for Unicef, define poder como a oportunidade e capacidade de ter impacto:

> *Eu acho que o poder foi, por muito tempo, definido como dinheiro. Para mim, poder é a capacidade de promover transformação e de ter impacto. Quando eu penso em onde eu sou poderosa, o que eu fiz no mundo – eu ajudei a levantar muito dinheiro, e isso é ótimo. Mas eu também mudei como as pessoas se sentem ao vir trabalhar; para mim, isso é, de fato, muito poderoso. Eu ajudei meus filhos a verem que o mundo é muito maior do que eles mesmos; para mim, isso é muito poderoso. Eu realmente acho que esta é a definição de poder – ser capaz de impactar outros.*[4]

Em nosso mundo, nas nossas vidas e na liderança, as pessoas frequentemente entram em jogos de poder egocêntricos e gerados através do medo. Essa transação de poder sempre resulta na dualidade perda-ganho. Ela é baseada no pressuposto de que não há poder suficiente para todos, que é preciso extrair ou roubar poder das pessoas à sua volta.

Nós mostraremos como você pode deixar de barganhar o poder do privilégio – uma situação ganha-perde baseada numa fonte de poder em que você pode perder – e abastecer-se de uma fonte de poder sua, inata, infinita, Shakti, que ninguém pode tirar de você. É necessário mudar radicalmente a forma como conquistamos poder, e na maioria das vezes abusamos dele, e criar uma dinâmica de funcionamento completamente nova: o poder da Presença. A menos que nos liguemos com a Presença e nos conectemos com a fonte do nosso verdadeiro Shakti, nós continuaremos a funcionar a partir de um poder falso.

As mulheres, principalmente, precisam aprender a funcionar a partir de um poder verdadeiro. Mulheres que não estão em contato com sua plenitude e seu Shakti ficam reduzidas a brigar pelas migalhas deixadas pelos homens. Um tema recorrente que deixa os CEOs intrigados é: "Ajude-me a entender por que eu vejo mulheres, mais do que homens, disputando umas contra as outras. Não só elas não se protegem, mas muitas vezes elas ativamente manipulam e tramam para deixar as outras piores. Esse tipo de comportamento me leva a pensar que as mulheres são seus piores inimigos". Isso acontece porque a maioria das mulheres não está ligada ao seu poder verdadeiro; elas estão jogando na pequena área do campo enquanto os homens, a partir do inconsciente privilégio de ser homem, estão jogando no campo inteiro. Nessa pequena área, é mulher contra mulher. O patriarcado socializou e condicionou as mulheres a isso de tal forma que a maioria das mulheres nem percebe.

Resultados positivos e duradouros só podem vir do exercício do poder verdadeiro. Mesmo acreditando que estamos chegando a algum lugar com nossos esforços egocêntricos, eles não resistem e acabam se desintegrando. É uma perda de tempo e energia.

Além disso, ligados à sua própria fonte infinita, líderes que agem a partir de Shakti conseguem compartilhar energia com outros e encorajá-los a entrarem em contato com seus próprios poderes. A Presença é definitivamente contagiante: basta acessar o seu poder Shakti que você já dá permissão e inspiração para acessarem suas próprias fontes de energia. Se você pensar honestamente no que já fez, perceberá que, sejam quais forem os resultados positivos que

CAPÍTULO UM

você já teve, eles vieram do exercício de Shakti (a força para o bem maior) e não da energia dos privilégios (a força do egoísmo).

Shakti é um combustível abundante, ilimitado, o poder da vida que faz os elétrons se mexerem, as galáxias crescerem, as sementes germinarem e as árvores florescerem. Aprendendo a se ligar a essa fonte ilimitada, você pode ter poder "com" os outros, em vez de poder "sobre" os outros.

REFLEXÕES

- Pense em um relacionamento chave da sua vida. Como você exercita o poder nessa relação? É mais poder "sobre" do que poder "com"?
- Pense em uma pessoa que materialize liderança do tipo poder "sobre" e outra que materialize liderança poder "com". O que você pode aprender sobre suas relações com poder?
- Como você pode ficar atento a dinâmicas do tipo poder "sobre" e mudá-las para poder "com" de agora em diante?
- Perceba quando você pode estar dando seu poder ou inconscientemente tendendo a perdê-lo. Por que você acha que isso acontece? Como você pode prevenir para que isso não aconteça?

O PRINCÍPIO FEMININO

Shakti é considerada intrinsecamente feminina e é personificada na tradição iogue em várias deusas. Como fonte de todas as coisas, Shakti é personificada e referida como "A Mãe Divina", que é considerada por adoradores e praticantes de ioga como um ser com quem eles podem dialogar e ter um relacionamento consciente.

Por todo o mundo, sociedades, culturas, religiões, filosofias, formas de arte e literatura fazem referência e se carregam da energia feminina personificada na Mãe Deusa. Boa parte da existência física recebe uma identidade feminina, como quando nos referimos à Mãe Natureza e Mãe Terra. No entanto, em toda a história da humanidade, o feminino foi controlado e subjugado ao masculino, que secretamente teme a infinita profundidade e poder criativo da Mãe.

As qualidades femininas de criação estão presentes em nossas vidas pessoais, como o amor e o apoio que nutre, que é compartilhado com as pessoas que amamos. No entanto, na maioria das vezes é inexistente nas nossas vidas profissionais. "Tocar os negócios como sempre" supervalorizou as características masculinas tradicionais, enquanto negou e subvalorizou as competências femininas. A cultura de negócios prevalecente é hipermasculina e deprecia a maioria das qualidades femininas. Para equilibrar-se e integrar-se, as organizações de todos os tipos precisam valorizar e cultivar as qualidades e a energia femininas na sua cultura – tanto para homens quanto para as mulheres.

Os líderes Shakti falam: sobre a energia feminina

Casey Sheahan, ex-CEO da Patagonia, lembra:

A Patagonia tem 55% de seus funcionários mulheres e 45% homens. A energia dentro da organização pode ser dividida em dois tipos básicos. O primeiro é o que chamo de energia ambiciosa masculina e o segundo, que no fim das contas eu considero mais poderoso, a energia criativa feminina. A primeira é uma energia que vem de atrito, enquanto a segunda é mais consciente e é inspirada por paixão e por um propósito maior. Você sabe quando está nessa energia porque a sua mente está clara, inteligente; ela sabe qual é o problema a ser resolvido e pode enxergar soluções que funcionem para todos os stakeholders *que possam ser afetados. Por outro lado, a energia masculina que vem da ambição é caracterizada por ganância, egoísmo, ego, medo, insegurança e raiva. Foi essa energia de atrito que causou os problemas da crise econômica global. Você a viu em ação em Wall Street nos últimos vinte anos e em muitas corporações que não deram certo porque estavam passando os acionistas e o governo para trás. Esses eram negócios que não tinham nenhum outro propósito que não o de ganhar dinheiro. Essa energia é movimentada só para o interesse de algumas pessoas: suas imagens, seus status. São pessoas incompletas e lhes falta conexão e visão. Falta alguma coisa dentro deles que não os deixa ser completos e suas empresas serem completas.*

CAPÍTULO UM

*Esses negócios e organizações frequentemente se engajam em más ações em vez de boas ações.*⁵

APROPRIANDO-SE DO PODER FEMININO

O que vemos hoje na sociedade reflete o impacto onipresente da cultura hipermasculina. Jean Kilbourne, autora e teórica da cultura, tem observado e documentado o impacto perverso e disseminado da cultura de exploração e de objetificação, tanto em homens quanto em mulheres. Ela observa:

> *Algumas jovens agem mais como machonas e brutas para serem mais poderosas. Isso está muito relacionado com a definição de poder nesta cultura e que poder é definido por estar acima de alguém e ter domínio sobre alguém, ao invés do poder ser a própria capacidade de ser eficiente e promover mudanças. Se essa é a definição de poder que as meninas recebem – e é de fato –, e se é o que elas veem ser recompensado, não é de se estranhar que elas façam o mesmo. Os valores femininos são aceitos da boca para fora e com pouco respeito; na verdade, eles são tratados com muito desdém. Então essa é uma mensagem muito poderosa que as meninas estão recebendo sobre como podem ser poderosas. A única definição aceita hoje nesta cultura é ser mais como um homem.*⁶

O filme de Jennifer Siebel Newsom, *Miss Representation*, descreve como o retrato que a mídia pinta e a objetificação das mulheres rouba o poder político delas, fazendo com que seja menos provável que elas queiram ser líderes políticas. E também dificulta para as mulheres que tentam. Jean Kilbourne observa: "Uma candidata política tem que projetar feminilidade – porque senão ela vira uma vilã – e também força. E se você está em uma situação em que força é vista como não feminina, ela fica em um beco sem saída. Se ela é forte, ela não é feminina; se ela é feminina, ela é fraca. As meninas veem isto por todos os lados".⁷

Como as mulheres podem retomar seu poder depois de tanto tempo sendo tratadas como objeto? Jean Kilbourne vê motivos para otimismo: "Eu acho que cada vez mais gente está conseguindo enxergar que esses estereótipos e definições não estão nos levando a lugar nenhum; na verdade estão fazendo muito mal. O que precisamos é de uma massa grande de pessoas com crítica que digam que precisamos mudar isso, porque está fazendo muito mal a nós e às nossas crianças".[8]

O fato é que as mulheres já têm bastante poder no mundo, mas nem sempre elas percebem. Se elas conseguirem se apropriar do poder que já têm, elas conseguem rapidamente promover uma mudança global ampla.

Vinte anos atrás, havia apenas uma mulher CEO dirigindo uma empresa *Fortune 500*; hoje há 22. A porcentagem ainda é bem baixa, mas a trajetória é encorajadora. Nós poderíamos contar nos dedos o número de mulheres no Senado norte-americano; agora há 20. O progresso é constante, mas está lento demais. A "Miss Representation" aponta que se essas mudanças continuarem nesse ritmo, vai demorar aproximadamente 500 anos para finalmente conseguirmos igualdade no Congresso! Alguma coisa tem que acontecer para promover essa mudança mais rápido. Como Jean Kilbourne diz: "Todo esse poder está disponível, mas ele ainda não foi capturado ou usado".[9]

Misturando competências positivas
masculinas e femininas

Em todos nós há um elemento feminino, que é diferente, mas está também entrelaçado com os elementos masculinos. Há uma razão para isso: gerar a tensão criativa interna a partir da qual a evolução pode avançar em direção à sua própria realização. Precisamos equilibrar essa diversidade interna de tal forma que ela permita a cada indivíduo encontrar livremente, ele mesmo, seu próprio equilíbrio de expressão.

Tradicionalmente, competências femininas que são dons para acessar Shakti incluem qualidades como renúncia, receptividade, adaptabilidade, intuição, criatividade, beleza, fluência, sensualidade, cuidados, afeto, compartilhamento, gentileza, paciência, vulnerabilidade, empatia, inclusão, abertura, variedade, confiança e harmonia.[10] Mas quando levadas ao extremo, as características femininas podem se manifestar de maneiras indesejáveis, como sufocante, hipersentimental, carente, dependente, explorada, dispersa, irracional, fraca e manipuladora. Essas são características consideradas imaturas ou hiperfemininas.

Da mesma forma, as competências masculinas positivas incluem liberdade, direção, lógica, razão, foco, integridade, estrutura, estabilidade, paixão, independência, disciplina, confiança, percepção, discernimento, autenticidade, força, clareza, assertividade, ordem e convergência.[11] As características imaturas ou hipermasculinas se manifestam como agressividade, crueldade, mecanicismo, arrogância, insensibilidade, violência, sede de poder e falta de espiritualidade.

Claro que classificar algumas caraterísticas como femininas ou masculinas não quer dizer que elas sejam inatas. Sally Kempton menciona o perigo de ideias pré-concebidas ligadas ao gênero:

> *Eu tenho um pouco de problema com a ideia de que o feminino é naturalmente cuidadoso e emocional e o masculino é naturalmente competitivo e agressivo. Pessoalmente acho que os dois são cuidadosos e agressivos, cada um à sua maneira. Eu diria que em um indivíduo, Shakti está muito mais relacionada com a busca da sua própria fonte vibrante de poder, que está passando por sua configuração única – que se aplica a homens e mulheres.*[12]

Mesmo quando as mulheres lutam, com razão, por direitos, oportunidades e status iguais, não quer dizer que não é preciso manter essa polaridade primária em um equilíbrio saudável.

Os líderes falam: sobre as qualidades masculinas e femininas

Colleen Barrett, ex-CEO da Southwest Airlines, lembra:

> *Eu aprendi a maioria das minhas lições da forma mais difícil. Porque eu errei. Quando você comete erros e os percebe, está tudo bem, desde que não cometa o mesmo erro de novo. Eu aprendi o valor da disciplina; esse é um traço masculino. Eu também aprendi que mesmo que tenha que tomar decisões difíceis baseadas no que é melhor para a empresa como um todo, você ainda consegue manter suas*

amizades. Por exemplo, você pode demitir alguém porque era a coisa certa a fazer para a empresa, mas também pode manter sua amizade com aquela pessoa desde que lide com o fato de uma maneira positiva. Eu acho que muita gente tem dificuldade com isso, homem ou mulher. Claro que seu coração fica apertado. Se algum dia você ficar feliz por demitir alguém, no mínimo tem alguma coisa errada com você como líder. Mas eu mantive uma amizade forte com várias pessoas que eu tive que demitir por motivos diversos.[13]

A autora e educadora Judy Sorum Brown aponta que "liderança é... ter os dois lados e dar valor a ambos".[14] A pesquisa de John Gerzema e Michael D'Antonio para o livro *The Athena Doctrine* (A Doutrina de Atena) também concorda com a ideia de que as pessoas valorizam os dois tipos de traços. 81% dos respondentes da pesquisa concordaram que "seja homem ou mulher, é preciso ter tanto traços masculinos quanto femininos para prosperar no mundo de hoje". Gerzema e D'Antonio apontam que pessoas que "incluem estratégias femininas em seu processo de tomada de decisão são duas vezes mais otimistas sobre seu futuro".[15]

Um líder verdadeiramente consciente é capaz de usar tanto qualidades femininas quanto masculinas, independentemente de que gênero são. Eles sabem quando é benéfico usar mais energia masculina e feminina e são sensíveis aos aspectos negativos de cada um. Mas a maioria dos líderes nega suas competências inatas femininas, que são desvalorizadas, e sempre escolhem competências mais masculinas porque estas são as que aparentemente são recompensadas.

Fazendo a transição do velho para o novo

A história da humanidade é uma longa série de consequências de valores masculinos tais como conquista e dominação. Cada vez mais, muitas pessoas reconhecem que o futuro precisa ser mais feminino, estruturado a partir de nutrir e cuidar. Como chegaremos lá? Será preciso uma revolução? A autora e ativista social Lynne Twist descreve lindamente o processo de transformação: simultaneamente "colocar no asilo" o que precisa ser superado e "acompanhar a gestação" da nova plenitude:

CAPÍTULO UM

Na Aliança Pachamama nós nos chamamos de pró-ativistas, o que significa que nós apoiamos, e não somos contra. Eu apoio uma visão e eu sei que existem coisas bloqueando-a. Há estruturas e sistemas de crenças que enrijeceram e calcificaram, fazendo com que as pessoas se comportassem de formas inconsistentes com a sua humanidade. Elas não são más pessoas. Quando conseguimos enxergar do fundo da nossa humanidade e da humanidade dos outros, vemos que estamos todos em uma espécie estranha de transe. Se você conseguir despertar dela, o que o espera é amor, compaixão, perdão, comprometimento, coragem e autenticidade – o poder verdadeiro, mas está bloqueado pelo jeito antigo de ver as coisas. Nós precisamos colocar essas estruturas e sistemas antigos que não nos servem mais em asilos. Nós não precisamos matá-los; eles não são mais viáveis ou sustentáveis e, portanto, de qualquer jeito, estão morrendo uma morte natural. Se nós colocarmos a morte natural deles no asilo, eles morrerão mais rápido e com alguma dignidade e respeito por terem sido úteis até se tornarem obsoletos. Nós precisamos ir nos despedindo daqueles sistemas e estruturas que colocamos no asilo enquanto ajudamos na gestação e no nascimento das novas estruturas e dos novos sistemas que estão mais evidentes para nós agora. Acompanhar a gravidez e o parto e colocar no asilo são atos de amor e testemunho. Uma parteira não dá à luz; a parteira testemunha e permite que o parto natural aconteça. Uma pessoa que trabalha no asilo não destrói ou mata; ela testemunha e permite que alguma coisa morra graciosamente com dignidade. De muitas maneiras, esse é o trabalho dos nossos tempos, como Thomas Berry coloca: 'Transformar a presença humana de destrutiva para uma presença que mutuamente amplie e nutra este planeta'. É um ato de amor; é acordar de um transe em que estávamos e sonhar mais uma vez com um mundo novo a partir de um lugar mais consciente, em um grau de desenvolvimento superior, mais amoroso. Ao invés do paradigma 'ou eu, ou você', está o paradigma 'eu e você', no qual você não precisa fazer nada às minhas custas nem eu às suas custas. Ao contrário, você e eu podemos fazer à custa de ninguém e para o benefício de todos.[16]

Para realizarmos essas duas enormes tarefas atuais é necessário que nós cultivemos a Presença (uma conexão profunda com nosso *self* superior) e nos liguemos a seu poder (Shakti) para abastecer esse processo. De fato, na ideia de amorosamente colocar o antigo no asilo e cuidar da gestação do novo, Lynn está descrevendo o trabalho contínuo de Shakti, o próprio processo evolucionário do universo junto ao qual somos chamados a fluir junto e manifestarmo-nos como líderes.

Claro que é mais fácil falar do que fazer. A humanidade está de prontidão para a sua maior aventura evolucionária, mas nossa sobrevivência depende do nosso sucesso em fazer essa transição. Será que estamos prontos para o desafio? Como poderemos aprender a nos abastecer do poder básico que é Shakti? Como podemos incorporá-lo e nos manifestar a partir dele?

A JORNADA HEROICA

Achar nosso Shakti e entrar em contato com nosso próprio poder requer que sejamos testados antes: na nossa capacidade para suportá-lo e nosso valor em usá-lo. Os estágios do nosso despertar em Shakti são melhor descritos como a "jornada heroica".

O conceito da jornada do herói ou o mito único do homem é o legado duradouro de Joseph Campbell, um dos pensadores mais profundos dos últimos tempos. Antropólogo por formação, Campbell estudou as mitologias de culturas por todo o mundo. Afinal, ele descobriu o denominador comum de todas as mitologias. Do seu estudo e da sua compreensão saiu seu livro *O Herói de Mil Faces*. Dá para reconhecer facilmente seu trabalho em vários filmes de Hollywood porque eles seguem a mesma linha das jornadas heroicas e míticas que ele descobriu. A série Star Wars é um exemplo conhecido por todos. A jornada do herói é envelhecer, sair da inocência para a maturidade e individuação. Fala sobre o processo de entrar em contato com seu próprio poder e tornar-se a pessoa que você está destinado a ser – e não a pessoa que você foi condicionado a ser por seus pais, cônjuge ou irmão.[17]

Cada um de nós é o herói ou heroína de nossas próprias histórias de vida. A jornada heroica é universal e transcende a história, geografia e cultura. O que aprendemos através da jornada, que achamos que é profundamente pessoal, é na verdade completamente universal. Aplica-se tanto às nossas vidas particulares quanto à profissional porque, na verdade, não há diferença entre elas; a pessoa que você é também é o líder que você é.

CAPÍTULO UM

A jornada é arquetípica, isso quer dizer que mostra um conjunto de padrões poderosos que parecem estar guiando indivíduos e suas experiências. Embora nossas jornadas possam parecer muito diferentes na superfície, na verdade elas estão desenvolvendo padrões universais. Existem padrões reconhecíveis e personagens comuns a todas as jornadas que veremos mais profundamente adiante no livro.

A jornada heroica trata da realização do propósito mais elevado de uma pessoa. Requer um esforço extraordinário e demanda que desenvolvamos muitas habilidades novas. Ela é chamada de jornada heroica porque entrar em si mesmo e amadurecer em tudo que podemos ser exige muita coragem. Quando fazemos a jornada, não podemos mais ser o que éramos, nós chegaremos ao fim da jornada como seres mais potentes e consequentes.

A jornada começa, como deve, no mundo normal. Em algum momento, o herói é forçado a se separar, atendendo a um "chamado para a aventura". No começo o herói resiste ao chamado; afinal de contas, normalmente é mais confortável para uma pessoa ficar onde está. Se você for o Frodo, vai querer ficar no

FIGURA 1.1 – ESTÁGIOS DA JORNADA HEROICA

12. O novo equilíbrio
11. O compartilhamento do elixir
10. Renascimento
9. A estrada de volta
8. A conquista do elixir
7. A provação suprema

RETORNO | SEPARAÇÃO
MUNDO COMUM
MUNDO ESPECIAL
RECOMPENSA | INICIAÇÃO

1. Chamado para a aventura
2. Recusa e aceitação
3. O encontro com o mentor
4. Atravesse a fronteira
5. Estrada das provações
6. Entrada na caverna mais profunda

Adaptado do "The Writer's Journey", de Christopher Vogler

Condado. O herói recusa o chamado até que é forçado a ir por uma série de circunstâncias. Como Elizabeth Appell fala, "O dia chegou quando o risco de continuar como um botão de flor era mais doloroso do que o risco de florescer". Cada um deve achar a força de vontade ou paixão dentro de si para aceitar o desafio. Quando chega o momento de iniciar a jornada, uma força aliada chega bem a tempo: o herói encontra o mentor (Gandalf, no *Senhor dos Anéis*, Dumbledore, no *Harry Potter*). O mentor ajuda o herói a passar a fronteira do mundo normal para um mundo inteiramente novo – o mundo mágico ou especial. O herói passa por uma série de provações até entrar na caverna mais profunda, onde deve enfrentar a provação suprema. Do outro lado, depois que ultrapassar a provação, algum tipo de recompensa inesperada o aguarda, que Campbell chama de "elixir". De lá o herói tem que encontrar seu caminho de volta. Há um renascimento na volta ao mundo normal, ao lugar de onde partiu. Sua jornada só termina quando, ao voltar para o mundo que deixou, compartilha o "elixir" com todos. Ele encontra um novo equilíbrio e está profundamente transformado da pessoa que era quando partiu.

Nosso colega e parceiro de viagem Vijay Bhat resumiu de maneira fácil e clara para o leitor a jornada heroica, originalmente do trabalho de Campbell, e incorporou outras fontes como Joseph Jaworsky.[18] Nós compartilharemos essa síntese aqui com a permissão dele:

> *Ela começa em um ambiente familiar que parece calmo e confortável na superfície, mas, na verdade, é um terreno baldio onde ficam concepções velhas, ideais e padrões emocionais que não servem mais e onde podemos estar vivendo vidas não autênticas.*
>
> *A mudança é iminente. O chamado para a aventura vem de diversas maneiras, tanto sutis quanto explícitas. Nós somos chamados a nos doar para algo maior, para nos tornarmos o que somos destinados a ser.*
>
> *Alguns que são chamados escolhem ir. Outros lutam contra a negação e ansiedade até que conseguem superar seus medos. Nós recusamos o chamado porque ficamos inseguros de arriscar o que temos, porque tememos ficar separados, segregados, e porque sentimos o perigo – nós podemos morrer.*

CAPÍTULO UM

Bem lá no fundo, sentimos que ceder ao projeto do universo e cooperar com o destino nos trará um poder pessoal e uma responsabilidade enorme. E mesmo assim não nos sentimos prontos.

Do nada, aparece uma luz que nos guia: algo ou alguém que nos mostra o caminho, que nos equipa e nos empurra através da fronteira para um mundo mágico, que não é familiar, que nos espera.

Nós atravessamos a fronteira do desconhecido e entramos em um vazio, um domínio sem mapas, um lugar tanto de terror quanto de oportunidades. A jornada perigosa começa e nós enfrentamos uma série de testes e provas feitas por inimigos ferozes que devemos superar ou contornar.

Se nós nos propusermos verdadeiramente a fazer esta jornada, seremos apoiados por mãos invisíveis – forças poderosas na forma de aliados que nos ajudam a percorrer o caminho e alimentam nosso crescimento e prontidão.

Nessa estrada de provações, por diversas vezes nosso comprometimento é posto à prova e nós temos muitas ocasiões para aproveitar o sucesso e aprender com os erros. Atravessando muitas barreiras, nós aguentamos a agonia de superar nossas limitações pessoais e crescer espiritualmente.

Inevitavelmente nós nos deparamos com uma provação máxima, quando devemos encarar sozinhos nossos próprios medos e fraquezas – nossa sombra. É o nosso ponto máximo de "ou vai ou racha". Se tivermos sucesso em transcender nossa sombra, alcançamos o elixir que precisamos. No processo, nós morremos para o antigo e emergimos fundamentalmente transformados.

Não é fácil deixar o prazer e a emoção do mundo mágico e voltar ao ponto de partida que já foi quase esquecido. Mas com a missão cumprida, nós levamos de volta, vitoriosamente, o elixir para recuperar e rejuvenescer a sociedade.

Ao retornar, pode ser difícil absorver os contragolpes de questionamentos razoáveis, de fortes ressentimentos, e boas pessoas perdidas sem entender o drama pelo qual você passou. Mas, a essa altura, nos tornamos seres humanos mais fortes, capazes de lidar com esses choques e preparados para viajar adiante, repetidamente, a serviço da comunidade.

Cada um de nós é o herói da sua própria vida. Muitos de nós já fizeram uma jornada e passaram com sucesso por provações e desafios. Saiba que você pode fazer outra jornada; você tem a capacidade, coragem e poder. Pode superar os obstáculos e o medo. Se você não atendeu ao chamado no passado, perdoe-se. Talvez estivesse assustado, achou que não conseguiria fazê-lo ou deu ouvidos a outras pessoas e não confiou em seus próprios instintos. Respire fundo e perceba que isso também é parte de ser um herói.

Exercício

O exercício é entrar em contato com experiências sobre as quais você pode não ter pensado muito nos últimos tempos. Coisas acontecem e nós as compartimentalizamos sem pensar muito a respeito porque a vida segue implacavelmente: tem sempre o próximo projeto ou prazo na sua vida pessoal ou profissional. Dessa forma, episódios significativos da sua vida ficam sem ter sido processados, reconhecidos e honrados. Na jornada da vida, é importante parar e lembrar daqueles momentos nos quais algo significativo aconteceu. É importante parar e sentir gratidão e reconhecer que o que você conseguiu não é pouco.

Lembre-se de alguma provação que superou com sucesso e seus estágios centrais. Pergunte-se:

- O que era a crise? O que aconteceu que o tirou da sua zona de conforto?
- Você atendeu ao chamado ou o recusou, resistiu a ele? Por quê?
- Como você foi testado? Quem eram seus aliados e inimigos?
- Qual era seu pior medo? Como você o superou?
- Quais novas habilidades você conquistou? O que você amadureceu nesta experiência?
- Como você se mostrou diferente como pessoa desde aquele evento? E como um líder?
- O que você está oferecendo ao mundo, e como isso o mudou para melhor?

CAPÍTULO UM

Você pode perceber que nunca contextualizou sua história como a jornada heroica. As pessoas passam por muitas jornadas sem perceber o processo de transformação pelo qual passaram. Há muito valor em trazer isso para a consciência; uma vez que entendemos como a jornada se dá, podemos fazê-la mais e mais vezes com menos medo, mais à vontade e de maneira mais eficaz.

O chamado e a capacidade de embarcar na jornada heroica estão em todos nós. Hoje em dia, muitos usam *O Herói de Mil Faces* de Joseph Campbell para ensinar, inspirando pessoas a perceber que elas podem ser heróis em vez de continuar como pessoas comuns, ou pior, como vítimas.

Tornar-se um líder Shakti requer que você faça uma jornada heroica. Nós voltaremos a essa ideia durante o livro. Neste capítulo, falamos um pouco sobre o que é Shakti, a necessidade de encontrar um equilíbrio verdadeiro entre capacidades feminina e masculina e a diferença entre o poder verdadeiro e o falso. No próximo capítulo, nós introduziremos o modelo para a Liderança Shakti, uma síntese original nascida de nosso trabalho interno e nosso trabalho com empresários, praticantes da consciência e líderes empresariais.

CAPÍTULO DOIS

Liderando com Shakti

Apenas três coisas acontecem naturalmente nas organizações: atrito, confusão e desempenho abaixo do esperado.
- Peter Drucker

Para a vida ser gerada e florescer, você precisa tanto da semente quanto do solo. Coloque as melhores sementes possíveis em um solo tóxico ou empobrecido e elas não germinarão. Por outro lado, mesmo com o solo mais fértil e nutrido, uma semente danificada ou defeituosa não se desenvolverá em algo com valor ou impacto duradouro. Tanto a semente quanto o solo devem ser cuidados para possibilitarem transformações positivas no mundo. Este livro é para ajudá-lo a desenvolver-se com o tempo, como a semente e também como um líder que pode melhorar a qualidade do solo – o contexto em que lidera.

A Liderança Shakti é um modelo de liderança poderoso e prático que conscientemente compensa as energias masculinas e femininas para curar, restaurar o equilíbrio e evoluir o planeta. Ela representa a síntese de algumas das melhores práticas e caminhos pessoais de aprendizagem. Ela foca no desenvolvimento de habilidades femininas inatas há muito ignoradas, equilibrando-as e integrando-as com recursos tradicionalmente masculinos.

Antes de apresentar o modelo, vamos dar uma olhada em como a liderança evoluiu através da história humana.

As raízes da liderança moderna

As raízes da liderança moderna estão nos conflitos, na territorialidade e no exercício brutal do poder. O apetite inato masculino para caçar, conquistar, ter e subjugar aparece como uma linha sangrenta através das mais variadas expressões de liderança pela história. Pense em Alexandre, O Grande e seu sonho de conquistar o mundo; Júlio César e o Império Romano; Henrique VIII e o impacto que teve na história da Inglaterra. Eles foram considerados grandes líderes em seus tempos e naturalmente eram todos homens. Eles eram invariavelmente retratados em telas como severos, agressivos, infelizes e sérios.

Mesmo nas culturas mais indígenas e nas tribos, o manto da liderança era recompensado com base na sua capacidade de vencer guerras (normalmente um homem) e proteger sua gente contra agressores. O Grande Épico Mitológico de Ensinamento da Índia, o Mahabharata, é a história de uma grande guerra entre dois grupos de primos. Os primos buscam por lições de liderança em como governar seus súditos de Bishma, o patriarca venerado que deita (e morre) na sua cama de lanças em um campo de batalha colossal – um campo de batalha que sediou tanta destruição que acabou com uma *yuga* (época) inteira.

O tratado que ele fez ainda é venerado como o manual do "passo a passo" para a realeza durante os tempos de paz, assim como é o tratado *A Arte da Guerra*, por Sun Tzu, um tratado militar antigo usado até hoje por muitos líderes. A guerra se mudou dos campos de batalha para as salas de reunião e câmaras de políticos.

É claro que houve líderes na história que não funcionaram a partir da orientação predominantemente masculina. Os líderes que verdadeiramente transformaram e provocaram mudanças positivas duradouras para o mundo incorporaram uma mistura de competências e virtudes masculinas e femininas. Pense em líderes amados como Abraham Lincoln, Mahatma Gandhi, Martin Luther King Jr. e Nelson Mandela. Cada um deles teve um efeito transformador em sua época e cada um misturava uma força tremenda com uma enorme capacidade de cuidar e amar. Lincoln misturava traços masculinos como força de propósito e tenacidade com traços femininos como empatia, abertura e vontade de nutrir

CAPÍTULO DOIS

os outros; essa habilidade era vista como "fundamental para suas boas práticas de liderança".[1] Como Leigh Buchanan escreveu, "A humildade e a capacidade de inclusão de Lincoln tornaram possível o 'Team of Rivals' descrito por Doris Kearns Goodwin em seu livro famoso com o mesmo título. Generoso e empático, ele sempre tinha tempo para pessoas de todos os níveis que o abordavam com seus problemas".[2]

Contraste os legados desses líderes com os líderes déspotas do século 20, como Hitler, Stalin, Mao, Mussolini, Pol Pot, entre outros. Eles representavam os piores casos de energia masculina não contida, desenfreada e que quase destruíram a civilização humana.

Modelos tradicionais de liderança

O modelo tradicional de liderança foi arquitetado para combates e competições, com foco na sobrevivência, conquista e derrota do inimigo. A liderança tradicional é hierárquica e a posição determina o poder e a autoridade. As decisões são tomadas de cima para baixo e seguem procedimentos padrões e rotineiros, e a disciplina e aceitação inquestionável são vistas como chave para se atingir o objetivo desejado. A disposição de sacrificar-se é vista como chave para ganhar, enquanto os fins parecem justificar os meios. Dependendo de como se olha, esse modelo de liderança masculino tem sido bem-sucedido; certamente ele está durando bastante tempo. Os pontos positivos associados com a liderança masculina incluem disciplina, foco e feitos extraordinários sob pressão – mas muitas vezes ela vem com um custo altíssimo para o ser humano.

Hoje, o contexto mudou dramaticamente e com ele mudaram nossas expectativas de liderança. A liderança existia para manter a ordem; hoje trata-se de saber navegar na ambiguidade. No passado muitas coisas eram centralizadas, hoje funcionamos conectados em rede com nossos pares. Nós tínhamos acesso limitado à informação; agora temos acesso instantâneo e universal a uma quantidade astronômica de informações, a ponto de termos uma sobrecarga. O poder era mantido com rédeas curtas e agora ele é distribuído; nós estamos mudando de hierarquias de cargos para "heterarquias" sem cargos. O líder era o chefe inquestionável, poderoso e controlador: agora o líder precisa ser um catalisador, inspirador e que dá poder.

Os modelos de liderança mais atuais são em essência comportamentais, nos dizendo como devemos nos comportar como líderes e, portanto, como funcionar de fora para dentro. Eles requerem que desenvolvamos certas competências como líderes. Alguns modelos enfatizam também valores e crenças, que vão um pouco mais fundo, mas não com a profundidade necessária.

CHEGANDO À FONTE

Para liderar a partir do poder verdadeiro, você tem que começar pela fonte. Você precisa entender o que é a fonte, como acessá-la, como controlá-la e como manifestá-la pessoalmente no mundo. Esse é um processo em três etapas: acessar, canalizar e sair. No processo, você acessa Shakti, incorpora Shakti e, finalmente, manifesta Shakti.

Acessar trata-se de entrar no seu Shakti, despertando para seu ser mais profundo: a fonte interna. É conectar-se com seu eu mais profundo e, através disso, ao poder infinito do universo.

Canalizar é sobre fazer: polir sua vida e suas habilidades para liderar e incorporar o equilíbrio natural de qualidades femininas e masculinas para tornar-se um líder flexível, compassivo, ancorado no seu poder interno.

Sair é estar sensível às necessidades do contexto e escolher onde e como servir melhor ao mundo. Trata-se de manifestar e implementar completamente o Shakti que encontrou se perguntando: Qual é meu próprio propósito? A que devo me dedicar?

> **OS LÍDERES SHAKTI FALAM: FICANDO CONECTADO A UMA FONTE**

Para Lynne Twist, a liderança eficaz está relacionada a ficar conectado a uma fonte, que chamamos de Shakti:

Meu relacionamento com liderança é ficar ligada à energia ou base que está sempre esperando por nossa atenção. Ela está sempre lá. Ela não vem e vai. Nós vamos e voltamos. Essa base é como uma expressão de Deus ou do amor. Não sou eu ou você; não tem "isso ou aquilo" nela. As pessoas me perguntam

CAPÍTULO DOIS

*"Como você faz tantas coisas?", ou "Você não fica exausta?", e eu respondo que exaustão para mim é estar desconectada da fonte. Não tem nada a ver com trabalhar a noite inteira ou ter coisas demais para fazer. Quando você está ligado na fonte, sua energia é quase sem limites. Eu sei que quando sou realmente eficaz, eu estou ligada a algo mais do que meu próprio ego, meu talento ou minha inteligência. Estou ligada em ser um instrumento útil de algo que quer acontecer. A energia aparece quando você está completamente presente, quando tem um escutar comprometido na sala ou um escutar comprometido do líder.*³

LIDERANÇA SHAKTI

A Liderança Shakti é uma adaptação do modelo de liderança consciente desenvolvido por um grupo de facilitadores e coaches na Índia, chamado ChittaSangha (Colaborativo Consciente).⁴ O modelo de liderança consciente é baseado no liderar com profundidade, começando de dentro para fora. É uma abordagem de liderança originada da consciência, a fonte máxima de tudo. Acessando essa fonte, podemos cultivar um estado de ser do qual vem o que chamamos de Presença – um estado no qual você não está preocupado com o passado nem com o futuro, mas está muito à vontade no momento presente.

Quando você não está presente, trabalha com respostas condicionadas e automatizadas, fazendo escolhas inconscientes e padrão. Quando está completamente presente, você consegue ver e perceber coisas sobre a situação com muita clareza, agir corretamente e estar completamente afinado com todas as suas possibilidades.

A partir de um estado de Presença ancorado na consciência, você pode pronta e rapidamente acessar e desenvolver três habilidades de liderança: plenitude, flexibilidade e congruência. Essas são as habilidades principais das quais fluem todas as habilidades e comportamentos que você precisa para ser um líder eficaz.

Uma vez que tenha desenvolvido essas três habilidades como líder, todos as competências e comportamentos que você precisa cultivar estarão ancorados em terra firme. Sem esse pilar, nenhum treinamento em "o que bons líderes fazem" vai ter impacto duradouro.

Existe sim uma grande diferença entre manifestar comportamentos a partir do ego e do eu mais profundo, o fundamento do ser. Só a liderança que se origina do solo fértil da consciência pode gerar os resultados duradouros que sua organização e seus funcionários precisam. Sem isso, é como plantar flores podadas e achar que elas vão crescer.

Capacidade para a plenitude

A plenitude é a capacidade de equilibrar, integrar e unir todas as partes divididas e fragmentadas de alguém. Ela é enfatizada nas tradições de sabedoria mais importantes e é capaz de curar as muitas cisões que estão dentro de nós.

Pensamos em nós mesmos como apenas uma pessoa, mas trazemos múltiplos "eus" dentro de nós. As mulheres têm um "eu-mãe", um "eu-filha" e também um homem interior. Da mesma forma, os homens têm um "eu-pai", um "eu-filho" e também uma mulher interior. Todos nós somos seres humanos, mas somos também seres divinos: essa cisão não foi reconciliada para a maioria de nós. Para tornarmo-nos plenos, precisamos fazer uma espécie de "reunião da família sagrada" dentro de nós mesmos. De certa maneira, é como tornar-se seu próprio pai, mãe e a pessoa que você ama. Nós precisamos aprender como acessar e expressar todos esses "eus" de dentro de nós quando for apropriado.

A visão ocidental de plenitude é *psicológica*, refletida no insight de Carl Jung no qual temos um "eu-ego" e um "eu-sombra". Para termos integridade psicológica, precisamos integrar as duas. Jung fala que este é o aprendizado na jornada da individuação; a "obra-prima" é integrar *anima* e *animus* – as dimensões masculina e feminina. Quando consegue sustentar esses pedaços juntos e de maneira coerente, você atingiu a totalidade psicológica.

A tendência masculina é de ser mais egocêntrico, enquanto a tendência feminina é ser mais dirigida ao outro. Quando está inconsciente, a natureza masculina pode ser egoísta; quando se torna consciente, esse impulso leva à individuação. Quando inconsciente, a natureza feminina pode ser submissa; quando se torna consciente, leva à autotranscedência. Individuação e autotranscedência são dois lados da mesma moeda: a marca de uma presença madura.

CAPÍTULO DOIS

Da tradição iogue vem a ideia da plenitude *espiritual* – você tem que unir o "eu" humano ou do ego e o divino ou o "eu" mais elevado. Ele reconhece que você não é apenas o ego, mas também a alma, ou *atma*. No final das contas, até a alma tem que se unir com a alma suprema, *paramatma*.

A sabedoria chinesa ou taoista foca na plenitude *ecológica*: equilibrar energias complementares, o *yin* e o *yang*. A medicina chinesa preconiza que suas energias têm que estar em equilíbrio com as energias do seu ecossistema, que cria um estado de saúde. Da mesma forma, cada órgão do seu corpo está em um equilíbrio com outro de energias *yin-yang*.

Para nos tornarmos pessoas plenas, é preciso que recuperemos nossas partes perdidas. As três tradições resolveram pedaços do quebra-cabeças; agora podemos almejar uma grande integração.

Quando você se torna pleno, cria uma sensação enorme de felicidade e libera energia positiva Shakti. Os polos positivos e negativos de uma pilha não servem para nada se não estão juntos; eles precisam estar conectados para a energia fluir. Da mesma forma, nós ficamos sem poder quando estamos fragmentados internamente. Shakti é a energia presa nos polos que agora pode ser liberada.

Shakti flui e cresce a partir da totalidade. Longe de ser um estado dormente, estático, a plenitude é um estado de dinamismo poderoso. Quando nos tornamos inteiros, Shakti está despertada e ativa e disponível em seu poder pleno.

OS LÍDERES SHAKTI FALAM:
SOBRE A LIDERANÇA E RESPEITO EQUILIBRADOS

A autora e educadora Judy Sorum Brown oferece alguns insights nos quais explica por que nós precisamos trazer mais características femininas para a liderança:

> *Homens e mulheres que têm dificuldade em liderar de maneira saudável reconhecem em si mesmos e nos outros a fome para o equilíbrio das duas orientações em suas próprias vidas, relacionamentos e organizações. Algumas organizações,*

sem perceber, enfraquecem e desencorajam a dimensão feminina nos homens e nas mulheres. Como resultado, essas organizações condenam as energias femininas.

Não é fácil ter respeito equilibrado pela a dança entre masculino e feminino na vida organizacional, pelo menos na cultura ocidental. Culturas de trabalho doutrinadas em uma face (masculina, por exemplo), mas inconscientemente ansiando pela outra, podem oscilar entre as duas em vez de manter ambas. Em culturas de trabalho que são historicamente femininas, pode ser necessário convidar explicitamente a dimensão masculina para a liderança.

Como criaremos condições para que ambas as perspectivas, feminina e masculina, sejam convidadas, valorizadas, celebradas e ouvidas? Liderança é manter os dois lados e valorizar ambos. É o cientista preciso, disciplinado e curioso e a consciência e o dom do contador de histórias. O feminino é necessário não porque ele ganha do masculino, mas porque ele está faltando na parceria necessária de uma liderança de duas dimensões.

Os líderes criam condições que são ou vitais ou mortais. De certa forma, líderes – como arquitetos e designers – criam um espaço emocional, um espaço de pensamento e um espaço de trabalho. Nossa habilidade de servir como líderes está muito relacionada com o modo como trabalhamos com as matérias que estão disponíveis. Entre os recursos, estão as energias feminina e masculina, dimensões dentro de nós e à nossa volta. De certa forma, estamos tentando criar uma fogueira – a liberação da energia humana.[5]

CAPACIDADE PARA A FLEXIBILIDADE

A segunda habilidade essencial para liderança é a flexibilidade. Os líderes Shakti precisam saber como flexibilizar entre as energias feminina e masculina de acordo com o que o contexto ou a situação exige. A maioria de nós tende a ficar presa em um só lado e não sabe como chegar ao outro. Essa é a natureza habitual da mente. Artes marciais chinesas, ioga e técnicas como Tai Chi Chuan e Qi-gong podem ser muito úteis para ajudar a superar isso; quando você torna o corpo flexível, a mente também se torna flexível.

A árvore do bambu é um ótimo símbolo de flexibilidade. Ela é capaz de curvar-se e balançar, mas ela não quebra, não importa qual a força do vento. O bambu tornou-se central em muitas tradi-

CAPÍTULO DOIS

ções por um bom motivo, já que ele incorpora retidão, tenacidade, elegância e simplicidade.

Flexibilizar quando você não está agindo a partir da Presença pode ser enfraquecedor e passar por fraqueza, ou falta de convicção pessoal como líder. Mas se você está na Presença e centrado, pode usar a flexibilidade necessária sem perda de poder.

CAPACIDADE PARA A CONGRUÊNCIA

A terceira habilidade de liderança é a congruência. Quando somos congruentes, tudo está alinhado: estamos centrados, autênticos e nivelados. Tudo se encaixa e move-se em harmonia com a própria *swadharma* (uma palavra em sânscrito para o conceito de propósito pessoal elevado, o que alguém está aqui para viver, ser e fazer). Líderes congruentes não são jogados de um lado para outro. Eles estão alinhados internamente com seus propósitos (como se sentem) assim como externamente (como agem). Se você cultivar congruência interna, vai exemplificá-la no mundo externo como um líder e ser humano muito eficaz e engajador. Quando uma pessoa é congruente, ela manifesta uma enorme integridade; você as vê vivendo a verdade do que elas são, sem fingir ser o que não são. Pessoas congruentes são inspiradoras para se ter por perto; são seres humanos poderosos cuja energia se junta numa força da natureza concentrada.

MANIFESTANDO O AMOR NO LOCAL DE TRABALHO

Amor é uma palavra que está finalmente emergindo no ambiente corporativo. Por muito tempo os negócios foram tocados puramente por interesses próprios, deixando de lado uma necessidade humana tão poderosa que é o cuidar. Trazer cuidado ou amor para o local de trabalho é um efeito colateral inevitável de acolher Liderança Shakti. Na verdade, já está acontecendo em empresas conscientes – e não só para fazer bonito. Ron Shaich, fundador e CEO do Panera Bread, acredita que "o amor é uma vantagem competitiva. Quando você consegue dar voz e captar amor, pode ativar todo tipo de coisa nas pessoas, que é completamente diferente do modelo que diz: você trabalha e eu pago as horas trabalhadas. Você não precisa provar a eficácia do amor".[6]

LÍDERES SHAKTI FALAM: LIDERANDO A PARTIR DO AMOR

Líderes frequentemente enfrentam situações que os desafiam a ser coerentes com a liderança a partir do amor. Casey Sheahan, ex-CEO da Patagonia, relembra:

Depois de mais ou menos dois anos que me tornei CEO da Patagonia, nós fomos pegos pela crise econômica global. Todos os líderes de negócios naquela época estavam olhando para o futuro com muito medo: os negócios poderiam piorar dramaticamente; nós poderíamos entrar em depressão; pedidos e vendas e todos os negócios poderiam ser afetados negativamente. Eu tinha reuniões com meu time de executivos e com os donos da Patagonia tentando descobrir qual seria o próximo passo. O primeiro impulso do setor empresarial tradicional é cortar custos. O maior centro de custo para a maioria das empresas é folha de pagamento e despesas gerais. Eu pensei, "os negócios vão ficar difíceis. Talvez nós tenhamos que dispensar algumas pessoas". Eu não queria fazer isso porque a Patagonia é minha família e eu penso em cada indivíduo lá que tem crianças na escola, financiamentos de moradia e parcelas de carros. Eu estava muito angustiado com aquela situação. E voltei para casa naquela noite depois de ter tido essas discussões no trabalho e falei com minha mulher, que naquela época era a Tara. E ela disse "Você está tomando essas decisões a partir do amor ou do medo?". Eu respondi: "Medo, claro. Os negócios podem ficar muito ruins e eu não sei o que vai acontecer, mas precisamos colocar o pé no freio, apertar os cintos e nos preparar para uma fase bem turbulenta". Ela disse: "O que aconteceria se você olhasse a partir de um lugar de amor?". Eu respondi: "Eu não mandaria ninguém embora. Eu encontraria outras formas de poupar dinheiro. Eu faria os trabalhadores e vendedores das lojas lavarem as janelas e fazerem faxina em vez de mandar um monte de gente embora". Bem, esse foi o caminho que eu escolhi. Ao mesmo tempo estávamos lançando uma linha maravilhosa de produtos de inverno e as vendas explodiram. Elas continuaram a subir e a empresa começou a crescer exponencialmente por cinco anos – e continua crescendo até hoje.

Naquele momento, eu poderia ter escolhido o caminho do medo para economizar dinheiro, tentando fazer o melhor para o balanço e os resultados da empresa, ou eu podia pensar em formas criativas de salvar os empregos de pessoas que eram parte da família. Elas reconheceram o esforço, sabendo que poderiam ter perdido o emprego. Trabalharam até mais e cooperaram de forma muito colaborativa e criativa para passarmos pela crise. A Patagonia saiu da crise com seu market

CAPÍTULO DOIS

share *maior e como uma empresa muito mais poderosa do que era antes. Essa é a maior expressão do paradigma de duas energias que estão nas organizações; o que você escolhe pode determinar se as coisas vão dar resultados positivos ou negativos.*

Quando eu tomei a decisão de agir a partir do amor, eu senti uma mudança na minha consciência, uma mudança na minha energia. Eu senti uma sensação de calma e relaxamento dentro de mim depois de tomar aquela decisão. Mas eu também estava muito animado em poder usar minha cabeça e trabalhar com minha equipe para pensar em soluções criativas e que nós sabíamos que nunca tinham sido feitas, então na verdade foi uma fase bem emocionante.[7]

Para muitos líderes, "amor" parece alguma coisa suave – que às vezes não combina com o frio cortante que associamos aos homens de negócios endurecidos. O pioneiro da teoria de *stakeholder* e professor da Darden School é direto nesse tema: "Na literatura acadêmica, os negócios são coisas de macho. Os teóricos organizacionais têm vergonha de ouvir as pessoas falarem de amor e cuidado e coisas do tipo".[8]

O que muitos líderes não percebem é que há grande força no amor. Amor não é aquela baboseira de coração cor-de-rosa das histórias em quadrinhos que as pessoas imaginam; ele aproxima as pessoas de uma maneira real. Para John Mackey, cofundador e CEO do Whole Foods, "Amor é a energia mais poderosa do mundo. Quando você tem amor, não fica mais fraco, na verdade fica muito mais forte. Esta é a narrativa que está faltando e precisa ser falada".[9]

Não há nada de incompatível entre o amor e o capitalismo. Fred Kofman, autor de *Consciência nos Negócios: Como Construir Valor através de Valores*, e agora vice-presidente da LinkedIn disse: "O amor é uma vantagem competitiva em um mercado livre, e as empresas que o incorporarem melhor e apoiarem melhor o bem-estar e o desenvolvimento de todos os *stakeholders* ganharão. Elas acumularão riqueza e poder. A liberdade privilegia aqueles que estão dispostos a oferecer o máximo enquanto tiram o mínimo de recursos da sociedade. Permite que pessoas que amam vençam as pessoas que são menos conscientes".[10]

LIDERANDO SHAKTI

A Liderança Shakti não se trata de usar pessoas para seus objetivos, mas sobre você servi-las e ser um bom administrador para suas vidas. É um jeito muito diferente de ver a liderança. Os Líderes Shakti não tentam "gerenciar" pessoas; eles atraem seguidores porque as pessoas sabem que o líder está alinhado com uma força do bem e realmente se importa com elas como seres humanos.

OS LÍDERES SHAKTI FALAM: SOBRE CUIDAR

Ping Fu sobreviveu à Revolução Cultural Chinesa e escreveu as memórias agonizantes *A Teoria do Bambu*. Ela é agora vice-presidente e Chief Entrepreneur Officer da 3D Systems. É assim que ela descreve a abordagem dela em liderança:

Eu acho que o motivo pelo qual as pessoas me seguem é em parte ético; nós compartilhamos dos mesmos valores e visão do porquê um projeto em particular vale a pena ser feito. Mas também é porque as pessoas sabem que eu me importo com elas – seu bem-estar, suas carreiras, sua felicidade fora do trabalho, sua totalidade como pessoa. Quando eu vim para a 3D Systems, meu chefe disse: "Eu sou o pai e você é a mãe". Eu acho que grande parte é porque eu me tornei a mãe adotiva para minha irmã quando eu tinha oito anos de idade (durante a Revolução Cultural). Eu desenvolvi então a habilidade de ser mãe nos meus anos de formação. Uma mãe sempre se importa com seu filho e quer que ele se dê bem. Orgulhar-se de seu filho é a maior recompensa para uma mãe. Meu estilo de liderança é mais ou menos esse. Pessoas que trabalham para mim sentem que eu me importo sinceramente com elas, e quando se saem bem, eu fico realmente orgulhosa delas.

Eu não acredito no trabalho sob pressão. Eu acho que o que funciona é definir claramente as expectativas e cada um ser responsável por si. Eu faço as pessoas definirem seus próprios objetivos; os objetivos são deles e eles definem como serão medidos. Essa é a parte difícil da liderança. Eu faço isso rotineiramente porque não gosto de microgerenciar. As pessoas podem errar, é claro. Mas se elas se engajam propositadamente em comportamentos que surtem efeitos negativos na equipe, então discutiremos a questão. Ninguém gosta de passar vergonha ou se sentir o membro fraco da equipe. Eu não

CAPÍTULO DOIS

preciso colocar pressão – se as pessoas decepcionarem os outros, elas mesmas se penitenciam.[11]

Por que liderar com Shakti se você já é uma pessoa e um líder consciente? Ser consciente implicaria que a consciência Shiva está desperta moderadamente em você. Você está mais autoconsciente e consegue refletir profundamente sobre as suas escolhas e o impacto que elas têm no mundo. No entanto, se quiser fazer uma mudança positiva real e duradoura, você vai precisar da instrumentalização de Shakti, o poder que abastece essa mudança. Na ioga, esse poder é muito respeitado, procurado e utilizado para compreender situações, pois ele modela as mudanças por si só. Nós podemos ser líderes muito conscientes, mas sem Shakti nós não conseguiremos atingir a mudança e as transformações necessárias nos tempos críticos atuais. Sozinho, esse poder superior e transpessoal pode resultar nas necessárias mudanças de paradigma.

Como diz o ditado, "com grandes poderes vêm grandes responsabilidades". Líderes conscientes exercitam o poder com muito cuidado. Sua integridade e sua intenção são frequentemente testadas, Shakti é deles só se eles tiverem domado seus egos e estiverem a serviço altruisticamente do bem maior.

A Liderança Shakti requer que você cultive uma Presença profunda e consistente como líder. Daquele lugar você se conecta ao Shakti interior e ele te dá poder. A partir do Shakti você consegue desenvolver três habilidades essenciais: plenitude, flexibilidade e congruência. Neste capítulo, nós introduzimos o panorama geral da Liderança Shakti.

No próximo capítulo, nós nos aprofundaremos na chave mestra: a Presença.

CAPÍTULO TRÊS

Presença: a chave mestra

O ponto de partida para acessar Shakti é a Presença. Os Líderes Shakti precisam passar por uma jornada heroica – que nós iremos detalhar em capítulos posteriores – para acessar seus poderes plenos como líderes. Como podemos fazer a jornada conscientemente com graça e tranquilidade, em vez de termos que sofrer com dores, crises e caos? A resposta direta é que precisamos nos preparar para a jornada aprendendo a como sair do nosso ego e entrar na Presença.

Quando você está na Presença, ganha acesso ao poder da Presença, que é Shakti. Então a liderança e a aquiescência tornam-se naturais e serenas porque agora quem está tomando conta do show é um poder transcendental, e não mais um líder individual.

Como descrevemos anteriormente, a crise que vivemos coletivamente é de liderança e consciência. Para superarmos essa crise, precisamos, em primeiro lugar, fazer uma jornada dentro de nós mesmos para descobrir a sabedoria e as respostas que estão para ser encontradas dentro de nosso ser. Para isso, primeiro precisamos cultivar a Presença, um estado de ser, em contato consciente e constante com seu próprio ser superior e a fonte de nosso Shakti. Quando estamos na Presença, nós percebemos completamente e aceitamos seja lá o que for que estiver acontecendo dentro de nós –

nossas resistências, tristezas e medos. Isso misteriosamente desperta uma capacidade mais profunda: nosso Shakti latente, através do qual ganhamos acesso a recursos mentais e emocionais interiores.

A Presença nos ajuda também a descobrir nosso verdadeiro propósito e a "encontrar sentido em nosso sofrimento", como dizia Viktor Frankl. Essa é uma peça fundamental para vermos a crise de outra maneira e reconhecê-la como uma oportunidade para crescimento. Se nós não formos capazes de invocar a Presença em uma crise, nós provavelmente sucumbiremos ao desespero.

O QUE É PRESENÇA?

Nós definimos a Presença como um profundo senso de consciência do momento presente: um estado de "flow" consciente onde experimentamos equilíbrio, completude, conexão e satisfação, tanto internamente quanto em relação aos sistemas macro dos quais somos parte. É um estado em contato constante e consciente com seu eu-superior enquanto está em "flow" com tudo o que existe.

Presença é o que Joseph Campbell descreveu como estarmos em contato com o céu e a terra ao mesmo tempo.[1] Presença é aquele lugar gostoso que você está no mundo, mas do qual não é parte; você está conectado a algo além dele.

Os dons da Presença são as capacidades de se sentir pleno, flexível e congruente.[2] Embora eles não se materializem automaticamente, você precisa ter a Presença para cultivá-los.

Na maior parte do tempo, nós não estamos no estado de Presença; estamos ausentes, simplesmente não estamos lá. O único presente é o momento atual. Apenas nele, "agora", qualquer pensamento real ou ação criativa pode acontecer. Nada mais existe; o futuro ainda não aconteceu, e o passado acabou. O momento presente é o único momento de verdade no qual podemos ter um entendimento claro do que realmente está acontecendo, o que é requerido de nós, o que está precisando de nossa atenção e o que precisamos manifestar.

Como é o estado de Presença? Você está calmo, centrado e equilibrado, mesmo que esteja um caos à sua volta. Pode desfrutar do momento como ele é. Para os líderes, a vida nunca cessa. Tem sempre desafios a ser superados. A Presença é o lugar para se estar

CAPÍTULO TRÊS

durante uma tormenta, no centro da tormenta, no lugar parado do mundo em revolução.

Você simplesmente não pode ser um líder consciente se não estiver completamente presente. O líder não só tem que parecer calmo como também deve estar calmo para sua equipe e organização. Atingir esse estado de ser exige esforço e prática; em ioga isso é chamado de *sadhana*. A Presença é um estado de concentração relaxada que pode ser cultivado. É como aprender a andar de bicicleta; em algum momento a memória muscular toma o controle e se torna automático. Com prática suficiente, você pode aprender a acessar instantaneamente e quando quiser o estado de Presença plena.

Quando entramos em nossa Presença, cada um é único. Não há duas pessoas com a mesma qualidade de Presença; a Presença de cada um é sua expressão única de Shakti. Você só pode ser você; você passou a saber disso e honrar isso e não tentar ser alguém que não é. Se você é uma castanha, só poderá se transformar em uma castanheira. Uma castanheira não se pergunta por que não é uma palmeira. A beleza é que, quanto mais você se ancora na sua Presença e funciona a partir desse lugar, mais alegria vai experimentar – alegria porque este é o seu estado verdadeiro e, portanto, natural. O estado natural de ser é *ananda* ou êxtase. Você está em um estado de alegria e realização porque sabe que está sendo o que é destinado a ser.

PRESENÇA EXECUTIVA

Presença executiva é uma competência que está ganhando popularidade em muitas corporações como necessária para se chegar a papéis de liderança seniores. Aspectos-chave da Presença executiva incluem a confiança, o equilíbrio e a determinação, e todos ajudam a transmitir uma sensação de seriedade. Habilidades de comunicação, assertividade e a capacidade de avaliar uma situação ou audiência são outras qualidades importantes. Pessoas com forte Presença executiva têm carisma ou magnetismo e podem influenciar outros fortemente. Eles falam com clareza e energia, têm linguagem corporal forte e boa postura. Em muitas empresas, a Presença executiva é um fator significativo para determinar quem vai ser promovido.[3]

As empresas estão investindo bastante tempo e dinheiro para treinar Presença executiva. O objetivo é que o líder seja capaz de projetar uma autoconfiança carismática e ter uma persona que inspire confiança nos seguidores. Mas, para que esse treinamento tenha um efeito genuíno e duradouro, ele precisa estar baseado na Presença mais profunda. Qualquer treinamento que não seja fundamentado na Presença mais profunda e no seu eu-superior parecerá um implante ou máscara e não levará a um impacto sustentável por muito tempo.

Cultivando a presença

Nós cultivamos a Presença para entrar em contato com nossa plenitude e para perceber que tudo que precisamos está dentro de nós o tempo todo, e sempre esteve. Quando entendemos isso, vem um sentimento de serenidade e confiança. Você sabe que Shakti está sempre acessível dentro de você; não precisa encontrá-lo em algum lugar fora de você.

Como você pode cultivar um estado de Presença? Usando a prática de Presença que descrevemos abaixo. Com bastante prática, você pode cultivar um estado de Presença plena como estado padrão, pronto para lidar com qualquer coisa que a vida traga.

Corpo relaxado

Esta breve prática foi adaptada de uma síntese feita por Vijay Bhat e Hank Fieger, coaches de liderança consciente que ensinam Presença executiva. É uma maneira rápida para pessoas ocupadas, estressadas e apressadas para entrar no estado de Presença.

Começamos com a base da Presença que é um corpo relaxado. Primeiro sente-se confortavelmente em uma cadeira com os olhos fechados, pés descruzados e firmes no chão. Certifique-se de que sua cabeça, pescoço e ombros estão relaxados, com sua coluna reta. Coloque suas mãos nas suas pernas, voltadas para cima ou para baixo.

CAPÍTULO TRÊS

Comece contraindo os músculos de seu rosto, do seu couro cabeludo e de toda área de sua cabeça e pescoço. Contraia, contraia, contraia e solte. Solte completamente esses músculos até que estejam profundamente relaxados, então contraia seus ombros e seus braços. Feche suas mãos e contraia tudo bastante – e depois solte. Relaxe. Em seguida, contraia a sua caixa torácica e músculos abdominais, torso, barriga e todos os seus órgãos internos – e solte. Contraia seu quadril, coxas, joelhos, panturrilhas, tornozelos, pés e dedos dos pés. Enrole os dedos de seus pés bem forte, forte, forte – e solte. Inspire profundamente desde o topo da sua cabeça, examinando tudo até a ponta de seus dedos dos pés para tirar qualquer tensão que tenha sobrado. Sinta seu corpo inteiro relaxar.

Respiração uniforme, mente clara e coração aberto

Com o corpo relaxado, você está pronto para ir para o próximo sinal da Presença, que é a respiração uniforme. Preste muita atenção na sua respiração. Note se ela está uniforme ou irregular e conscientemente faça-a ficar mais regular e suave. Seus ombros devem estar abertos e sua barriga relaxada, deixando sua caixa torácica inteira livre para inspirações profundas que preencham por completo seus pulmões. Inspire, expandindo o peito e inchando a barriga. À medida que você expirar, esvazie totalmente seus pulmões e solte o peito. Mais uma vez, inspire, encha o peito, inche a barriga e expire. Continue no seu ritmo até suas inspirações e expirações ficarem calmas e regulares.

O próximo sinal de Presença é uma mente clara e calma. Uma vez que a respiração tenha regularizado, vá a um nível mais profundo e perceba seus pensamentos. Imagine que seu cérebro está se dissolvendo em um lago cristalino no alto de uma montanha, com a temperatura e a brisa perfeitas. Não há nenhuma planta na superfície, nenhuma ondulação na água, nenhuma turvação. Esta é sua mente: cristalina e calma. Ande até a borda do lago e olhe para baixo. Veja sua imagem refletida para você: calma, quieta, relaxada. O seu ser interior está calmo, quieto, relaxado.

Comece a entrar no lago agora, entrando nas águas de uma mente nítida e se sentindo completamente rejuvenescido e revigorado dentro dele até que a água chegue à altura de seu coração.

Quando a água fresca toca seu peito, permita que seu coração relaxe aberto. Sinta seu próprio coração físico batendo dentro de sua caixa torácica. Sinta gratidão e amor por este órgão que tem sido seu companheiro fiel desde o tempo que você era apenas um grupo de células no ventre de sua mãe. Ele está batendo mais forte para você, dando-lhe poder, mantendo o ritmo da vida para você. Sinta uma gratidão profunda e abra seu coração. Quando você o abre, é como se pudesse passar através dele e entrar em um estado de essência pura que o espera do outro lado. Você mudou de um estado de consciência externo superficial habitual para um estado de ser puro.

Esse é o seu estado de Presença. Você sabe disso quando afirma as seguintes verdades: diga: "A realidade deste momento é que eu não tenho nada para defender". Imbua essa fala com um significado e uma conexão mais profundos. Inspire bem fundo e deixe sua intenção saber disso agora. Deixe-a relaxar. Em seguida, diga: "A realidade deste momento é que eu não tenho nada para fazer". Respire para dentro do seu coração e apreenda a verdade dessa afirmação. Agora diga: "A verdade deste momento é que eu não tenho nada a temer". Respire para dentro da sua cabeça e apreenda a verdade dessa afirmação.

Tendo se afastado da sua cabeça, do seu coração e da sua intuição e estando na sua Presença pura, profunda dentro de você, lentamente afirme: "A única realidade deste momento... é que... eu estou... aqui... agora...". Respire profundamente do topo da sua cabeça até as pontas dos dedos de seus pés, ancorando-se na coluna do seu ser, sua espinha.

Agora perceba um rio poderoso de luz flutuando em cima de você. Este é o Akash-Ganga (o Shakti que potencializa a Via Láctea) fluindo através de você como o Antar-Ganga (o rio do Shakti interno). Ele é potente e o energiza, com o poder de rejuvenescê-lo completamente. Ele se move através de sua coluna para todos os seus órgãos internos, irrigando todo seu corpo-mente, revitalizando-o, fertilizando-o, energizando-o. Qualquer excesso é descarregado através de seus pés uma vez que você se tornou um canal para esse Shakti, que também é para a Mãe Terra, irrigando-a com esse rio de poder. Afirme: "Agora eu sou Shakti. Eu

CAPÍTULO TRÊS

estou potencializado agora. Tudo que preciso está dentro de mim. Tudo que eu preciso vem a mim".

Sonar sensível e indução energética

Mantendo essa poderosa Presença de Shakti dentro de você, irradie-a em todas as direções à sua volta, enviando-a através de seus sentidos. Determine-se a levar isso para sua liderança enquanto cultiva o próximo sinal da Presença, que é um Sonar Sensível. Nós frequentemente estamos tão perdidos em nossos pensamentos que nem percebemos o que está acontecendo à nossa volta. Agora fique consciente do contexto; desenvolva um sonar de sensibilidade que examine e pegue o que não está bom, se alguma coisa está emperrada em algum lugar ou se há alguma situação em que se deve intervir. Traga todos os seus sentidos para ajudá-lo: visão, audição, olfato, paladar e tato. Potencialize todos esses sentidos para se tornar o sonar mais sensível que consiga captar todas as informações críticas dentro e fora de você – informações das quais você precisa para ser eficaz e servir.

A consequência desse estado de Sonar Sensível é que você se torna um indutor energético. Líderes que estão completamente presentes têm a habilidade de acalmar os outros. Quando você entra na Presença dele, há um campo energético que te induz e o acalma só de entrar na sua vibração. Sinta seu campo energético expandindo para fora de você em todas as direções. Em sua mente, abrace as pessoas à sua direita e à sua esquerda e todas as pessoas em seu espaço e na sua vida. Você deve ficar presente e ajudá-los em vez de ser sugado para dentro dos problemas deles. Induza todas as pessoas à sua volta como se estivessem em um abraço caloroso para dentro da sua Presença.

Você está agora completamente ancorado e potencializado como um Líder Shakti. Mantendo esse estado, traga sua atenção de volta para o tempo e espaço presentes. Mexa os dedos das mãos e dos pés. Gire seus ombros e relaxe-os. Mova sua cabeça e seu pescoço de um lado para outro e em círculo. Continue a estar presente; flua com o poder do seu ser. Lentamente abra seus olhos e olhe em volta. Perceba o que você está captando e o que está sentindo. Sinta uma gratidão visceral e profunda.

Estar completamente presente e incorporar essas qualidades é chave para nosso desenvolvimento como líderes. Se você conseguir manter um estado de Presença por cinco minutos no primeiro dia, dez no próximo, quinze no terceiro e assim por diante, esse estado vai gradualmente se tornar parte integral de você. Finalmente, este se tornará seu estado natural, padrão. Quanto mais cultivar a Presença, mais você conseguirá ajudar as pessoas que precisam.

Perdendo e recuperando a presença

Quantas vezes você entrou em algum lugar e viu alguém perdendo o controle – completamente estressado e simplesmente reativo, sem qualquer domínio sobre suas emoções? Antes que perceba, você é sugado para o estado de ausência dele; você também perde seu centro. Em vez de uma pessoa se afogando, agora há duas! O dom da Presença é aquele que dá a você a capacidade de acalmar, com segurança, uma pessoa que está perdendo o controle, em vez de deixar que você se perca junto com ela. O poder da sua Presença é a capacidade de trazer os outros para as Presenças deles. É um dom maravilhoso que você aprende a dar a qualquer um, inclusive a si mesmo.

Se você esquecer a essência de quem você é e não estiver centrado no seu estado de ser puro e confortável, contrário a tudo o que existe, pode entrar em modo de sobrevivência. Nesse modo, nós tememos por nossa sobrevivência e lutamos como se fôssemos criaturas sendo atacadas na selva. O instinto é de defesa: "Meu Deus, alguma coisa está vindo para me atacar! Eu tenho que me proteger!".

Você pode optar pelo coração emocional, que tem uma necessidade enorme de ser amado e, portanto, uma tendência a se autopromover: "Por favor, me ame, por favor, goste de mim". Você sentirá que precisa se vender aos outros ou não ficará bem.

Ou você pode optar pela cabeça e começar a se preocupar com o futuro, e tudo que poderá dar errado. Você fica ansioso com o que pode acontecer no futuro ou sente-se envergonhado ou culpado pelo passado. Esse é o pensamento baseado no medo. Quando perdemos a Presença, nós voltamos a esses tipos de es-

CAPÍTULO TRÊS

tratégias baseadas na cabeça, no coração e no instinto de defesa. Estes são os três centros de energia nos quais nós tendemos a ficar quando não estamos na Presença.[4] Eles são típicos do ser-ego, que está apenas preocupado em proteger seus interesses pessoais.

Como sair desses três estados? Você sai usando as três afirmações claras, como descrito anteriormente. Diga: "A realidade deste momento é que eu não tenho nada para defender". Volte sua atenção a seus órgãos e perceba como isso o faz se sentir. Diga então: "A realidade deste momento é que eu não tenho nada para fazer". Vá para o seu coração e se permita afastar-se da sua carência emocional. Agora diga: "Eu não tenho nada a temer". Ligue-se com sua mente e perceba que neste momento, independente do que você possa pensar que vai acontecer depois, a verdade absoluta é que, de fato, não há nada a temer. Então, quando você entrar no próximo momento, vai ser a verdade de novo. De momento a momento você pode estar presente. Enquanto estiver presente, uma nova dimensão de tempo-espaço se abre para novas possibilidades. Caso contrário, você fica preso em um modo reativo e ansioso.

Se você só faz o que sempre fez, é simples: você só vai conseguir o que sempre conseguiu. Mas quando você entrar na Presença, uma nova gama de possibilidades estará aberta para você. Portanto, você diz: "A única realidade deste momento é que eu estou aqui, agora". Esta é a verdade. Você é um ser. Este ser está aqui neste espaço, neste exato instante. Você é aquela consciência que se manifestou neste momento no tempo e espaço. Você de fato está "aqui, agora".

Quando você afirma "Estou aqui, agora", não são só palavras. Você vai sentir completa e profundamente seu ser inteiro se concentrando, sua plenitude em completa congruência. Afirme: "Eu estou aqui, agora, eu estou potencializado agora, eu sou Shakti agora". Lembre-se, você é isso. Nós todos somos isso.

Quando nos conectamos com o rio da Presença, nós percebemos que é como uma subcorrente que flui através de nós e que podemos entrar e dar um mergulho sagrado a qualquer momento. Quando voltamos a esse rio de Presença, Shakti está fluindo através de nós e podemos conseguir tudo o que precisamos. "Tudo que preciso está dentro de mim. Tudo que preciso vem a mim." Se você está estressado e cansado e seu corpo precisa dormir, então é isso que você conseguirá. Enquanto isso, a energia consciente que está fluindo através de você está fazendo o que precisa ser feito – consertando seja lá o que for que precisa ser consertado enquanto dorme.

Desenvolva conforto com desconforto

Cultivar a Presença e acessar Shakti demanda prática. Interações diárias com o mundo externo e suas questões e pessoas desafiadoras inevitavelmente criam uma perturbação ao nosso estado preferido de equilíbrio. Enquanto estamos assimilando, digerindo e suprindo energia que está continuamente sendo processada pelo nosso corpo-mente, nós podemos perder a Presença.

Uma maneira de reenquadrar a perda de equilíbrio é desenvolver um nível de conforto no desconforto: aguentar ficar com a efervescência dentro de si. Nós podemos nos tornar psicológica e fisicamente resistentes se pararmos de brigar com a confusão e desenvolvermos conforto no desconforto. Permita e "esteja" com o estado de confusão, sabendo que é um estágio transitório, um trabalho em andamento. Para chegar ao esclarecimento, precisamos atravessar a confusão. Permita o tempo e espaço necessários para a resolução da confusão e traga-a para um lugar de clareza. Se conseguir sentir a confusão como aceitável, você vai aos poucos ficando mais à vontade e confortável com essa ambiguidade. Lembre-se que a psique é uma coisa orgânica, viva. Da mesma forma que não conseguimos fazer uma grama crescer mais rápido esticando suas folhas, ou não devemos desligar o forno antes de o pão estar totalmente assado, ajuda pensar que a confusão e o desconforto são como as dores de parto que finalmente trarão clareza e alegria. Resistir a ela ou brigar com ela só a torna mais forte.

Conforto e desconforto são ocorrências naturais cotidianas que se seguem. Nós o convidamos a aplicar a Presença e se inspirar profundamente em cada experiência. Praticando consistentemente, em algum momento você conseguirá se mover no conforto e desconforto com a mesma facilidade com que você inspira e expira.

CAPÍTULO TRÊS

DESENVOLVA LIMITES SAUDÁVEIS

Um resultado muito importante de cultivarmos a Presença é a capacidade de colocar e manter limites adequados em nossas relações. Essa é uma capacidade muito necessária, uma vez que a maioria das questões de relacionamento inevitavelmente se resume a problemas com limites – limites que estão muito abertos ou muito fechados. Eles estão muito fechados se alguém estiver agindo muito a partir da energia masculina e não estiver emocionalmente ou empaticamente disponível ao outro. Estar muito aberto é uma tendência feminina, predominante em pessoas que confiam e compartilham muito rápido e, como consequência, se envolvem em uma confusão de codependência.

> **OS LÍDERES SHAKTI FALAM: SOBRE LIMITES CLAROS**
>
> Caryl Stern manteve suas prioridades em ordem mesmo quando ocupou cargos muito importantes:
>
> *Uma coisa que eu sempre tive muito clara em relação a todos os meus papéis é que meu trabalho é meu trabalho (e eu tive trabalhos importantes, formidáveis, maravilhosos), mas minha família vem em primeiro lugar. Isso não quer dizer que eu não faça meu trabalho. Eu faço tudo. Mas não importa quem está na sala, se um dos meus filhos liga, eu atendo. Eu faço isso com todas as pessoas que trabalham para mim. A pessoa sabe que se o telefone toca e é seu filho, seus pais ou um parente, ela pode simplesmente dizer: "Caryl, eu preciso de um minuto" e atender a ligação. Eu fiz isso nas Nações Unidas; eu fiz isso com líderes do nosso país; eu fiz isso com líderes de outros países. Certa vez, meus filhos me ligaram quando eu estava no palco. Eu literalmente atendi a chamada no palco, no meio de uma palestra, e a plateia inteira caiu na gargalhada. O valor também tem sido mostrar aos outros o que é importante para mim. Eu sou assim; eu não desapareço quando venho para o trabalho.*[5]

Muitos desentendimentos e mágoas podem ser evitados se você entrar em qualquer relacionamento ou negociação do lugar da Presença. A Presença nos dá a inteligência emocional e sabedoria para averiguar a velocidade, o nível de confiança e o nível de discernimento que se deve entrar ou progredir, enquanto mantém-se vigilante e responsável por como se está compartilhando o poder naquela dinâmica – tudo a partir de um lugar de integridade e plenitude. A Presença nos ajuda a manter a percepção emocional, o autocontrole e a adequação. É a base para um relacionamento saudável.

Os limites mentais

Na Índia, os elefantes são muitas vezes domesticados e treinados para trabalhar. Quando um bebê elefante ainda é bastante jovem, os treinadores o acorrentam a uma árvore para que não possa se afastar. À medida que o elefante cresce, eles mantêm a corrente na sua perna. Em algum momento, eles soltam a corrente da árvore, mas o elefante não se afasta, mesmo a corrente não estando mais presa à sua perna! Ele não sabe que está completamente livre, então ele fica aos redores de onde foi socializado quando era um bebê.

Gay Hendricks se refere a isso como "o problema do limite superior". Nós tendemos a nos restringir a quanto nos permitimos ser felizes ou bem-sucedidos, porque achamos que isso é tudo que merecemos. O problema é que nós podemos ficar condicionados a aceitar limitações na nossa liberdade, crescimento e potencial – limitações que só existem na nossa mente. Só quando nos tornamos plenamente presentes à realidade deste exato momento é que podemos transcender essas restrições e ir em direção à manifestação do nosso poderoso e extraordinário potencial, que trará felicidade e realização.

Ligando-se à presença maior

A Presença leva você ao terreno da consciência, mas consciência não é um lugar estático de ser. Não é só percepção; não é inerte. Ela é também poderosamente dinâmica, criativa e ativa. Ela tem muito poder. O poder criativo da Presença é Shakti: o poder que manifesta, cria, preserva, destrói e recria.

Existe um fluxo maior e extremamente inteligente que está trabalhando o tempo todo, está processando cada situação e levando-a adiante. Tudo o que você precisa fazer é ligar-se a ele. A

CAPÍTULO TRÊS

Presença se liga ao fluxo natural de energia no momento. Ele lhe permite senti-lo e alinhar-se com ele. Desse lugar, você sente o que está tentando fazer emergir neste momento, e o que é o certo a fazer. A Presença lhe permite discernir o *dharma* (o propósito e a significância) do momento. Em última instância, tudo vai evoluir para a sua resolução; cada coisa que chamamos de erro só cria outra jornada. Nossas chances de acertar são muito maiores se funcionarmos a partir do estado de consciência e Presença do que do nosso modo costumeiro, que é reativo e inconsciente.

No próximo capítulo, nós daremos um grande mergulho na jornada heroica – uma maneira de transformar o cotidiano em uma vida plenamente incorporada.

CAPÍTULO QUATRO

A jornada heroica

A jornada do herói, tal como definida por Joseph Campbell, é um trabalho vivo em andamento ao redor do mundo. Pode-se dizer que ela passou para o repertório coletivo da sabedoria humana. Campbell encorajou-a, sentindo que seu trabalho e legado ainda poderiam se desenvolver muito mais. Essa jornada aborda as várias facetas da experiência humana.

Logo depois que nascemos, e uma vez que já tenhamos adquirido a linguagem, o jeito mais poderoso que temos para absorver sabedoria é através de histórias. As histórias ultrapassam a mente racional-lógica (*logos*) e vão direto para o campo simbólico (*mythos*), criando uma experiência muito mais inspiradora, envolvente e ressonante do que simplesmente receber informações. Note que usamos os termos "mito" e "mítico" como Campbell usa: não como algo que não é real, mas como símbolos dos impulsos mais profundos em jogo na nossa psique. Nós usamos mitologia e história em vez de apenas ciência e estrutura, porque, como Campbell descobriu, "a mitologia é a psicologia mal interpretada como biografia, história e cosmologia".[1] A mitologia é apenas uma forma muito criativa de expressar a psicologia humana.

Entrar na Liderança Shakti requer submeter-se a uma jornada heroica com elementos míticos e arquetípicos. Quando você reformula a sua jornada de liderança como um mito pessoal, funciona para além dos fatos e da cognição racional, engajando e ativando forças universais dentro do inconsciente coletivo e pessoal. Esta é a maneira mais inspiradora e poderosa para transformar seu cotidiano em uma vida plena e autoatualizada. Neste capítulo, trazemos à sua atenção algumas dimensões e aplicações-chave que são especialmente relevantes para líderes.

A JORNADA HEROICA RESUMIDA

Para ir direto ao cerne da mítica jornada heroica, nós usamos um modelo simples de quatro estágios: crise, trauma, transformação e dom para descrever o processo de chegar à sua própria plenitude como líder (Figura 4.1).

A jornada começa com uma crise na sua vida – uma crise que o tira da sua normalidade. A crise joga-o em um mundo diferente, onde você sente dor, sofrimento e até trauma. Quando começa a enfrentar essa nova realidade, você precisa enfrentar seus piores medos. Chega um momento em que só restam você e sua sombra, seu pior medo. Em *Star Wars Episódio V: O Império Contra-Ataca*, Luke Skywalker entra na floresta e encontra seu pai, Darth Vader, que representa sua própria sombra.

FIGURA 4.1 – A JORNADA HEROICA DE QUATRO ESTÁGIOS

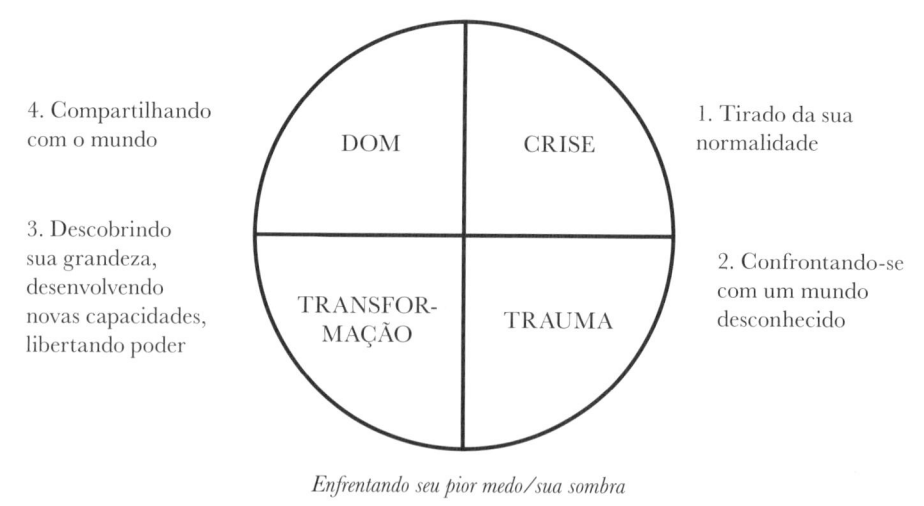

4. Compartilhando com o mundo

3. Descobrindo sua grandeza, desenvolvendo novas capacidades, libertando poder

DOM | CRISE
TRANSFORMAÇÃO | TRAUMA

1. Tirado da sua normalidade

2. Confrontando-se com um mundo desconhecido

Enfrentando seu pior medo/sua sombra

CAPÍTULO QUATRO

Há um elemento de perigo em uma crise, mas há também um ponto crucial nela. A crise carrega a oportunidade. Como Robin Sharma escreveu: "Atrás do seu pior medo está sua melhor vida". Não dá para evitar ou ignorar. A única saída é atravessar; você tem que enfrentar seu pior medo, que é sua sombra. Nesse confronto, há um grande crescimento pessoal; algo novo surge no seu ser. Um novo Shakti é despertado em você à medida que desenvolve novas capacidades e dá oportunidade para um novo poder latente. Agora ele está descoberto e o efeito é transformador. O fato de ainda estar de pé depois de sua jornada significa não apenas que você sobreviveu à sua crise, mas de fato ela o tornou mais poderoso e resiliente. Depois dessa transformação, você volta ao mundo normal e continua o seu crescimento. O ciclo só se completa quando você compartilha o dom que aprendeu com o mundo. Quanto mais damos, mais recebemos. Esse dom misteriosamente é o mesmo dom que o seu "mundo" – sua equipe, família, comunidade e organização – precisa para atingir o próximo nível. Só nesse momento você terminará completamente sua jornada heroica.

Essencialmente, a jornada heroica mostra que quando você enfrenta um problema aparentemente insolúvel, primeiro é preciso crescer para atingir um novo nível antes de conseguir achar uma solução.

LÍDERES SHAKTI FALAM: SOBRE A CRISE E A JORNADA

Assim Sally Kempton descreve a jornada heroica:

Quando você pede ajuda, admite sua impotência e começa a perguntar onde é a fonte de força, você se abre ao poder que não depende da cultura, do cargo e nem mesmo das suas capacidades. Basicamente, é assim que descobrimos Shakti. Alguns de nós amadurecem potencializados por ela. Mas a maioria de nós descobre Shakti por não saber o que fazer ou como proceder. Se você é um líder que ganha sempre, nada o desafia e é realmente bom em competir, por que você mudaria? Não há nenhum incentivo para um machista comum olhar para dentro e achar uma fonte mais profunda enquanto as estratégias baseadas no ego estiverem funcionando. A falha no poder pessoal para a maioria de nós e para a sociedade como um todo é de fato a única maneira de despertar o olhar para a fonte feminina. É uma crise que desencadeia a jornada, porque agora você tem que procurar pelo poder de uma nova forma. Nossa sociedade está nesse ponto; nossos problemas são tão grandes, e nossa capacidade para resolvê-los é tão visivelmente limitada, que nós estamos intuindo que realmente precisamos de alguma conexão milagrosa.[2]

Fazendo a jornada conscientemente

É possível crescer sem passar por uma crise e o consequente sofrimento? O trabalho de Campbell sugere que não é possível ter uma jornada heroica sem uma crise. Mas para que esperar uma crise? Até chegar o momento de tomada de consciência, você terá que fazer a jornada heroica da maneira convencional. É preciso ter coragem e autocontrole para deixar para trás a mentalidade de crise. A maioria de nós ainda não viveu a vida completamente, e somos humanos em nossa fragilidade; nós inevitavelmente iremos sentir dor, trauma ou sofrimento. Para "fazer do limão uma limonada", você precisa usar a dor e o sofrimento antigos como fertilizante no seu crescimento futuro.

Uma pessoa pode passar pela jornada com mais graça e facilidade, tornando-se mais consciente dos elementos e processos mais profundos envolvidos e reformulando-os. A jornada heroica Consciente é feita em *quatro* estágios: o impulso evolucionário, seguido da dissolução, evolução e resolução (Figura 4.2).

Impulso evolucionário

Este planeta já foi água e lava, e então, um dia, uma planta surgiu. Depois de milhares de milênios, chegou um animal. A planta não falou "Eu vou evoluir". A inteligência sublime da natureza, *Prakriti*, a fez evoluir. Os humanos eventualmente apareceram. Só nós temos a capacidade de discernir o impulso evolucionário da natureza e dizer: "Posso me aliar a ele? Posso conscientemente evoluir e ajudar a natureza? Eu também sou parte da natureza; eu sou a natureza que se torna consciente".

CAPÍTULO QUATRO

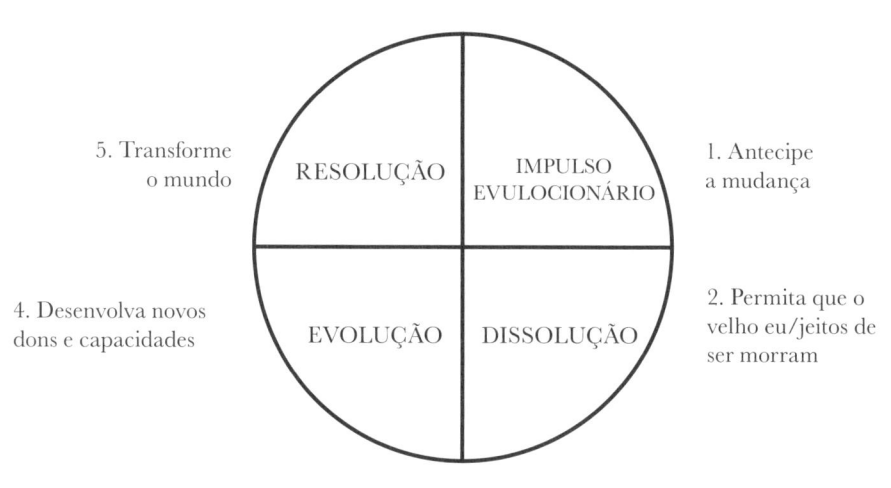

FIGURA 4.2 – FAZENDO A JORNADA CONSCIENTEMENTE

```
              RESOLUÇÃO  |  IMPULSO
5. Transforme            |  EVULOCIONÁRIO    1. Antecipe
   o mundo    -----------+---------------    a mudança
4. Desenvolva novos      |                   2. Permita que o
   dons e capacidades    |                      velho eu/jeitos de
              EVOLUÇÃO   |  DISSOLUÇÃO          ser morram

              3. Engaje seu potencial não realizado
```

Caminhos paralelos: externo/liderança e interno/consciência;
O líder que você é é a pessoa que você é

Dentro de cada um de nós está o verdadeiro significado e propósito de nossa existência. É a semente da vida e da existência, e carrega seu próprio impulso e pulsão evolucionária. Já está preparado para disparar e manifestar-se regularmente, de tempos em tempos. No entanto, muitos de nós não prestam atenção a esse chamado para a aventura evolucionária. Algumas pessoas deixaram que seu condicionamento os reprimisse e que fossem contra seus impulsos evolucionários. Veja por esse lado: o universo inteiro foi construído, estruturado e programado para evoluí-lo, quer você queira quer não. Se você não escolher evoluir conscientemente, ele vai acordá-lo de qualquer jeito, através de uma crise.

A jornada heroica

Os líderes Shakti falam: sobre o propósito da evolução

Existe uma aceitação crescente da ideia de que a evolução tem um propósito, e que nós humanos somos agentes para realizá-lo. Um dos pensadores mais conhecidos dessa área é Steve McIntosh, que fala:

Teóricos importantes estão percebendo que a evolução cosmológica das estrelas e dos planetas, a evolução biológica dos organismos e a evolução cultural da história humana fazem parte de um processo de realização que se manifesta desde o início do nosso universo, no Big Bang. O avanço da evolução compreende muito mais do que o desenvolvimento biológico das espécies. Na verdade, a evolução não é uma coisa que está ocorrendo só dentro do universo; a própria evolução é o que o universo é de fato – uma grande panóplia de micro e macrodesenvolvimentos que afeta tudo, e no final das contas conecta tudo.

Uma vez que aceitamos que todas as formas de evolução – cosmológica, biológica e cultural – são partes do mesmo processo abrangente, apesar de suas descontinuidades e diferenças significativas, isso leva a um reconhecimento mais profundo do valor e do significado da evolução. E quando começamos a descobrir o significado e valor subjacente da evolução, isso revela o propósito da evolução... A evolução não é ao acaso, acidental ou sem significado. Ao contrário, seus avanços progressivos revelam a presença de propósito – não um tipo de propósito completamente pré-programado e controlado externamente, mas sim uma geração criativa de valor que vem sendo construída sobre si mesma há bilhões de anos.

Cada vez mais, nós percebemos como valores fundamentais como beleza, verdade e bondade influenciam a evolução em todos os níveis de seu desdobramento. Entendendo a "atração gravitacional" dos valores no processo de evolução, podemos enxergar com mais clareza por que e como a evolução cultural foi atingida em alguns lugares e por que ficou estagnada ou regrediu em outros... Essa nova compreensão da evolução revela como tanto nosso progresso pessoal como indivíduo quanto nosso progresso coletivo como uma sociedade estão ligados diretamente com a manifestação criativa do próprio universo.[3]

A vida nunca está estagnada, ela está sempre evoluindo. Quando você pensa que chegou a um equilíbrio confortável, terá algum

CAPÍTULO QUATRO

tipo de cutucão da evolução. Você acha que vai descansar um pouco, mas logo o tédio e o vazio se instalam. Então o chamado para a aventura desaba sobre você. Alguma coisa muda no seu estado atual ou estado ideal. Você está diante de um novo desafio que não estava lá antes, ou intui um despertar de consciência que revela a percepção de que as coisas não podem ficar como estão. De qualquer maneira, é um chamado para a jornada, para embarcar em uma nova aventura de descobrimento e crescimento. Por isso, é preciso aprender a reconhecer aquele impulso evolucionário e saber quando ele está chegando.

Quando ele chegar, você estará preparado. Como você pode identificar sinais falsos? O único jeito é usar plenamente seu discernimento e presença a cada sinal. Espere com equilíbrio, sem fugir nem avançar sobre o sinal. Invoque seu Shakti e sua sabedoria para impeli-lo e guiá-lo. Enquanto espera a confusão passar, você terá clareza de qual a melhor escolha. Siga este caminho e entregue o resultado ao seu Ser Superior. Solte o eu-egoico e vá para o *flow* do Shakti. Acredite que mesmo o sinal parecendo falso, ele pode se revelar verdadeiro.

Dissolução

Uma dissolução – algum tipo de sacrifício ou rendição – vai ser exigida de você. Quando você se submete a ela por sua própria vontade e integralmente, não precisa passar por dor ou trauma.

A jornada começa com a dissonância do equilíbrio existente. A jornada inteira é uma espiral que está sempre se expandindo para cima em mais e mais capacidades e níveis de consciência. Sempre começa com dissonância; algo tem que perturbar o equilíbrio existente para que um equilíbrio novo e superior possa se desenvolver. Como seres humanos, nos agarramos à vida, temendo e negando a morte. Um dos motivos pelos quais devemos fazer esta jornada é para tirar essa carga negativa associada com a ideia da morte. A morte é uma parte da vida sem escapatória. Nós precisamos passar por ela e permiti-la, pois ela tem muitas coisas maravilhosas para nos dar. Nós precisamos deixar um jeito de ser morrer para permitir que outro jeito e novas possibilidades possam viver.

Antecipe a dissolução e permita que o seu eu antigo ou suas maneiras antigas morram, assim como uma lagarta tem que morrer para surgir uma borboleta. Essa é uma morte psicológica pela qual você precisa passar. Ceda a ela. Submeta-se voluntariamente ao *thanatos* (pulsão de morte) para que ele não se torne uma ruptura destrutiva. Quando você pode morrer para seu velho eu e seus velhos modos, chega até o lugar onde fica a próxima energia a ser despertada. Desprenda-se da vida comum e permita-se mudar para o mundo especial.

Evolução

O estágio de evolução é quando você engaja seu potencial não realizado, seu Shakti latente. É como se você tivesse pilhas que ainda não foram usadas dentro de você: você usou ou experimentou um grupo de pilhas e está viajando para o próximo. Nessa evolução, você desenvolve dons e habilidades novas e descobre coisas que nunca soube.

Resolução

Como Sri Aurobindo disse, "Todas as possibilidades do Homem estão esperando assim como uma árvore espera em sua semente". O estágio da resolução é quando você compartilha seus novos dons. Com as novas possibilidades, você está equipado para encarar novos desafios e transformar o mundo de alguma maneira – pode ser sua família, seu relacionamento, sua equipe ou sua empresa.

Mesmo ao final da jornada, você deve permanecer presente e completamente vivo para todo o potencial que existe em cada momento. Em vez de ficar ligado no piloto automático e reagir ao desenrolar das forças, reconheça que você acabou de sair de uma jornada e está descansando um pouco. Antecipe que a calmaria não vai durar e mudanças vão vir de novo. Quando isso acontecer, entregue-se à dissolução e permita-se morrer de alguma maneira para poder se engajar mais uma vez em algo novo e diferente.

Lembre-se de que nem todas as jornadas precisam mudar toda a sua vida; muitas pequenas jornadas podem aparecer entre grandes jornadas. Dessa forma, você evolui e desenvolve outras habi-

CAPÍTULO QUATRO

lidades que, por sua vez, podem trazer resolução a qualquer que seja o desafio pelo qual seu mundo esteja passando.

A maioria de nós passa pela vida em grande parte inconsciente. Swami Sivananda coloca suscintamente: "Comer, dormir, beber, algumas risadas, muito choro: é isso? Não morra aqui como um verme! Acorde!". Muitos de nós morreram como vermes diversas vezes. Foi isso que deu origem ao conceito iogue, que também está presente em outras tradições, do ciclo do nascimento e renascimento. Esse ciclo também pode acontecer conosco vivos, aqui, nesta vida. Nós podemos nascer repetidamente na mesma escuridão até que a luz da consciência comece a se desenvolver e despertar. Aí vivemos a evolução consciente.

A ÚNICA SAÍDA É PELO INTERIOR

O ponto principal da jornada do herói é compreender cada desafio como um chamado para uma aventura. Mude a configuração da sua mente e siga em frente. Não se renda a seu medo e aversão; tente ver a jornada como algo de muito valor, como um presente – uma oportunidade de se tornar uma versão melhor de você mesmo – e seja grato por isso.

A liderança requer que você saiba fazer a jornada interna, sabendo como entrar em si mesmo. Você não pode liderar ninguém ou nada se não sabe o que o está comandando. Os seus impulsos biológicos e psicológicos dirigem seu poder pessoal até que você o recupere. Pelo que você é responsável se não sabe o que o está comandando? Você precisa saber "quem está na direção". Você acha que é o mestre da sua vida, acha que está indo para onde está indo. Mas, na verdade, todas essas forças subjacentes estão controlando-o e você não está nem percebendo.

Como podemos nos tornar mais conscientes como líderes? Para isso, nós precisamos conhecer nosso mundo interior e entender nossos impulsos. O que são nossos sistemas de crença? Onde nós os desenvolvemos? Eles eram nossos desde o início? O que nos motiva? Quais valores nós estamos personificando inconscientemente? O que está causando nossos comportamentos saudáveis e os não saudáveis? O que tem dentro de nós que causa conflitos externos e padrões recorrentes? O que dentro de nós precisa morrer ou ser liberado? O que está tentando emergir?

Preste atenção na antiga máxima grega: "Conheça a si mesmo".

A jornada do herói começa com tornar-se mais autoconsciente: entendendo o que você é e o que de fato está acontecendo na sua vida. A única saída é entrando. A única maneira de atender ao chamado da aventura é ir mais profundamente em si mesmo, porque ninguém pode fazer isso por você. O poder e os recursos – tudo o que precisa para fazer a jornada – podem ser achados dentro de você e em nenhum outro lugar mais.

O conceito iogue de *karma* sugere que esse trabalho interior (sendo que nosso trabalho e nosso mundo são uma só expressão ou um só campo, chamado de *karma bhoomi*) é algo que você escolheu fazer (ou foi designado a fazer) nesta vida. Você tem que passar por aquilo e processar experiências específicas nesta vida para evoluir e crescer nas formas que você mais precisa.

A DANÇA DOS CINCO ELEMENTOS

A sabedoria iogue vê toda a criação como a interação divina dos cinco elementos dos quais ela é feita: terra, água, fogo, ar e espaço. Cada um deles tem seu movimento, sua emoção, sua qualidade e sua natureza única. Todos os sistemas estão continuamente passando por ciclos nestes estados energéticos elementares.

A jornada heroica também é representada nos ciclos. A crise é como deixar o solo conhecido e o engajamento com a terra para ser varrido para a fluidez e as incertezas de um estado da água. Enfrentar seus piores medos e passar pela morte é como atravessar fogo. Saindo disso, como o renascimento da fênix, você pode voar livre e facilmente no elemento do ar. Tudo isso acontece dentro do elemento de sustentação ou vazio do espaço, que é o estado da Presença.

Como sabemos, energia não pode ser criada nem destruída; ela só pode ser transformada de um estado elementar para outro. A liberdade e a tranquilidade do estado de um ser estável como o ar ou a terra duram até o momento de evoluir e fazer de novo a jornada, sendo retomado pela água e pelo fogo e, assim, o ciclo se repete continuamente.

CAPÍTULO QUATRO

Reconhecer essas energias elementares arquetípicas que estão em jogo o tempo todo e alinhá-las com seus Shaktis formidáveis ajuda a nos manter em estado de equilíbrio dinâmico. Nós podemos alavancá-los para mudar e evoluir sem sentir esgotamento ou perder oportunidades de crescimento.

Alguns elementos são mais masculinos enquanto outros são mais femininos – pense em fogo e água. Como podemos passar através deles em vez de anulá-los?

Trabalhar com a natureza orgânica do ciclo dos cinco elementos é também um jeito poderoso de alcançar crescimento harmonioso como empresa ou organização. Isso serve para equilibrar a busca pelo crescimento em escala ou em números que é tão característica da maioria das empresas. A chave é sentir a "música" do momento e alinhá-la com sua energia fundamental. Como líderes, por vezes temos que mudar a música ou tocar outro elemento quando notamos a dissonância que estamos causando.

Avalie e meça a energia da sua própria empresa. Ela está só em um elemento ou ela está fluindo pelos diferentes elementos de maneira equilibrada? A empresa tem sua própria alma; é um ser por si só. Cada energia elementar da empresa reflete seu estágio de vida. As startups tendem a ter bastante energia de fogo enquanto empresas mais maduras têm mais energia dos elementos terra e espaço. A cultura é uma união e uma dança entre a energia do líder e a alma da empresa. A energia do fundador é de alguma forma a energia da empresa. Quando o fundador sai e outro líder entra, como eles dançam essa dissonância é muito importante. Com o tempo, a empresa desenvolve seu próprio poder de cultura; um líder que não saiba dançar com essa energia será ineficaz e rejeitado pela cultura.

Cada um de nós pode ter preferências por uma expressão elementar específica da nossa própria energia e estilo de liderança. É importante manter a capacidade de ser você mesmo quando está passando pelo ciclo dos diversos elementos. Permanecer autoconsciente e manter-se presente é a chave. A Presença o ajuda a dançar com e pelo ciclo da mudança que a jornada pressupõe, de tal forma que o renova e realinha em vez de o esgotar e estressar.

FAZENDO A JORNADA DE MANEIRAS DIFERENTES

Os homens e as mulheres fazem a jornada de maneiras diferentes. De uma maneira geral elas são parecidas, as nuances e o *kshetras* (domínios ou campos de ação) são diferentes. Joseph Campbell só falou da jornada do herói, e seus exemplos eram principalmente de homens.[4] Maureen Murdock, uma seguidora do trabalho de Campbell, entrevistou-o para entender como a jornada se relacionava com as mulheres e seus desenvolvimentos pessoais. Ele disse que a mulher não precisa fazer a jornada, que "Em toda a tradição mitológica a mulher está lá. Só o que ela precisa fazer é perceber que ela é o lugar que as pessoas querem alcançar. Quando uma mulher percebe como seu caráter é maravilhoso, ela não vai ficar atrapalhada com a noção de ser um pseudo-homem".[5]

Murdock não se satisfez com aquela resposta, porque era diferente do que ela vivia. Ela fez sua própria pesquisa e escreveu um livro chamado *The Heroine's Journey* (A Jornada da Heroína).[6] Hoje em dia existem muitos outros livros falando sobre o processo de crescimento e individuação feminina – *Mulheres que Correm com os Lobos*, por Clarissa Pinkola Estés, e *Descent to the Goddess* (A Descida da Deusa), por Sylvia Brinton, que são especialmente interessantes.[7]

Vamos ver como a jornada difere de homem para mulher.

A JORNADA DO HERÓI

A jornada do herói é uma busca de poder. Em algum lugar bem lá dentro, o homem não está em contato com seu próprio poder. Na busca por esse poder, ele obtém significado e compreensão. Ele também busca sabedoria porque ela lhe traz poder. É uma jornada baseada nos pensamentos e na mente. Seu maior medo é falhar – não conseguir o que ele se propôs a fazer. Os recursos que o herói têm disponíveis são liberdade, direção, lógica, razão, foco, integridade, estabilidade, paixão, independência, disciplina, confiança, percepção, autenticidade e força – recursos tradicionalmente considerados masculinos.[8]

CAPÍTULO QUATRO

A JORNADA DO HERÓI	A JORNADA DA HEROÍNA
Buscas por poder	Buscas por amor
Ganha significado	Ganha liberdade
Tarefas e aventuras	Relacionamentos e amor
Medo: Fracasso	Medo: Violação
Recursos: Liberdade, direção, lógica, razão, foco, integridade, estabilidade, paixão, independência, disciplina, convicção, percepção, autenticidade, força.	Recursos: Entrega, receptividade, emoção, intuição, brilho, flow, sensualidade, nutrição, afeição, compartilhamento, gentileza, paciência, vulnerabilidade.

Fonte: Jason Fonseca. http://ryzeonline.com/feminine-masculine-traits

A JORNADA DA HEROÍNA

A jornada de uma mulher frequentemente começa como um "mergulho no escuro", ativada por uma profunda traição do amor, violação, perda ou morte (da sua infância inocente e não testada). Ela tem que fazer o luto completo e colocar seu velho eu de lado antes que ela possa ressurgir na sua mulher adulta poderosa.

A jornada da heroína é uma busca por amor. O domínio do seu trabalho e da sua jornada não é tarefa e aventura como é para os homens, mas relacionamentos e romance. Quando a heroína busca e acha o amor que buscava dentro de si mesma, ela se torna psicologicamente e verdadeiramente livre. Ela tem a ilusão de que algum amor externo ou amante externo possa completá-la. Intuindo a ligação fortíssima que elas têm com seus patriarcas interiores e exteriores, as mulheres querem ser donas soberanas de suas vidas; elas querem liberdade. Quando uma mulher busca e chega à sua própria fonte interna de amor, ela ganha aquela liberdade para ela mesma.

Isso pode parecer estereotipado e nossas leitoras feministas podem estar revirando os olhos, mas nós pedimos para aguentarem um pouco e deixarem que a narrativa inteira se desenvolva. Para dar a vocês um resumo que tranquilize: para chegar ao nosso potencial vivido e completo, tanto homens quanto mulheres embarcam em três grandes jornadas ou "buscas místicas": de aventura, de romance e de iluminação.[9]

O maior medo de uma mulher é a violação – o medo primordial que ela pode ser violada em qualquer lugar que ela vá. Isso é o que a torna vulnerável. Porém, em última instância, a própria vulnerabilidade é sua maior força, conforme ela descobre, e é também a porta para a autotranscendência, o poder verdadeiro e o grande prêmio da consciência da unidade – consciência que em último caso a torna inviolável.

Os recursos disponíveis para a heroína em sua busca são entrega, receptividade, emoção, intuição, esplendor, flow, sensualidade, cuidado, afeto, compartilhamento, gentileza, paciência e vulnerabilidade – recursos tradicionalmente reconhecidos como femininos.[10] Verifique seu corpo-mente para perceber se você está em contato com essas energias. Muitas mulheres hoje em dia sentem que não têm mais esses traços porque tiveram que se "masculinizar" para o mundo dos homens, especialmente nos cargos corporativos. Os recursos do herói têm sido valorizados; os recursos da heroína são normalmente deixados de lado, ou pior, descartados como sem importância ("só o que nossas mães faziam") e sem valor no local de trabalho.

As mulheres podem fazer jornadas por poder também. Como falado anteriormente, as jornadas arquetípicas do herói e da heroína estão mais relacionadas ao feminino e masculino dentro de nós do que ao gênero. Os homens também farão jornadas por amor – e tanto homens quanto mulheres vão eventualmente fazer uma jornada para a incorporação iluminada.

A JORNADA SIMPLIFICADA DA HEROÍNA

Uma mulher pode fazer a jornada conscientemente ou inconscientemente. Vamos primeiro dar uma olhada em como é uma jornada inconsciente ou sem ser iluminada (Figura 4.3).[11] Ela começa com uma crise, que pode ser vivida como uma perda de poder, violação ou traição.

Há uma perda de poder por causa de uma violação, que é uma crise psicológica profunda para o corpo-mente de uma mulher. Ela

CAPÍTULO QUATRO

FIGURA 4.3 – A JORNADA DA HEROÍNA EM QUATRO ETAPAS

5. Liberdade e pertencimento (a uma nova tribo)

DÁDIVA

CRISE

1. Perda de poder, violação

4. Descobrindo as qualidades necessárias / o *Shakti* dentro de você

TRANSFORMAÇÃO

TRAUMA

2. Enfrentando as crenças limitantes

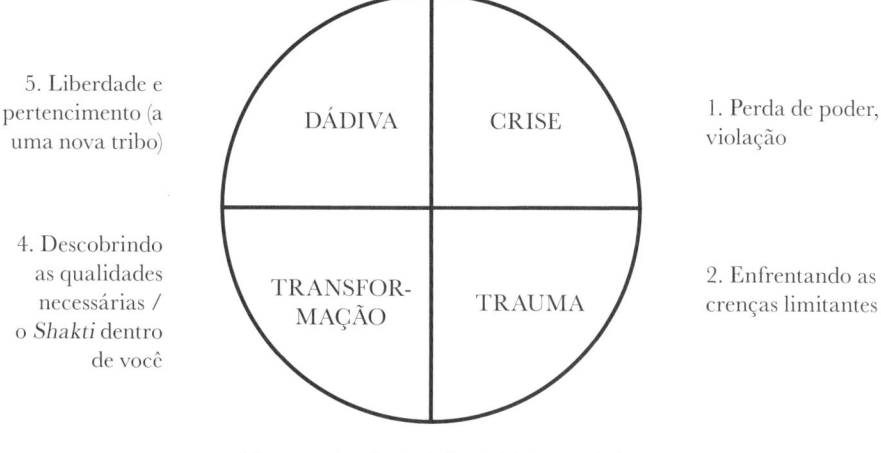

3. Matar o dragão da inferioridade feminina

vive uma dor e um trauma intensos, e tem que lidar com suas crenças limitantes. Inúmeras inverdades foram programadas nela pelo patriarcado – inverdades que nem ela reconhece como falsas. Agora, de repente, ela desperta e percebe que foi enganada. Ela começa a ter de lidar com um sistema de crenças profundamente enraizado e que tira o seu poder, o qual ela nem percebia que a controlava.

Aqui a heroína tem que matar o dragão da inferioridade feminina, as três inverdades sobre as mulheres condicionadas pelo patriarcado: que as mulheres são inferiores aos homens, que as mulheres são dependentes dos homens e que as mulheres são incompletas sem os homens.[12] Essas inverdades foram reforçadas na consciência coletiva feminina pelo mundo inteiro e criaram nelas um sentimento profundo de insegurança. A mulher faz a jornada para destruir esses mitos e descobrir a verdade. Ela tem que matar esses dragões para poder passar pela crise e pela dor. Como Murdock fala, "Os dragões que guardam, com muito ciúme, o mito da dependência, o mito da inferioridade feminina e o mito do amor romântico são oponentes assustadores. Esta não é uma jornada para covardes; é preciso ter muita coragem para adentrar na sua profundidade".[13]

A jornada heroica

Para encarar essa façanha e matar esses dragões, a heroína cresce imensamente e passa por uma transformação profunda. Ela descobre as qualidades e os poderes necessários (Shakti) dentro dela mesma, e não através dos homens da sua vida. Então ela começa se curar, e é quando encontra sua verdadeira liberdade e seu senso de pertencimento, sendo capaz de dar isso de presente a sua nova tribo. Em última instância, a jornada inteira é sobre pertencimento, amor, cuidado, mantendo o tecido social coeso.

Quando a heroína sai da jornada, de repente ela descobre mulheres iguais a ela em todos os lugares: a tribo "feliz por ser mulher".[14] É uma tribo de outras mulheres poderosas que conseguirão apoiá-la em sua jornada de maneira consciente. Elas não são mais dependentes do masculino e das partes masculinas da sociedade para se validarem.

Então, essa é a jornada da heroína: descida, iniciação e apropriação de seu próprio poder. É bem diferente da jornada do herói; a morte é uma parte crítica da jornada da mulher. A mulher experiencia um tipo de morte e ela tem que ser capaz de fazer o luto pela sua perda. Essas são experiências psicológicas profundas que temos que honrar. Mas o que é verdadeiro nunca morre porque é indestrutível. Apenas o que está pronto para ser dissolvido e descartado vai morrer: sua identidade ou personalidade superficial.

As mulheres sabem como morrer. (De certa forma, as mulheres morrem mensalmente e renascem através de seu ciclo menstrual.) Na tradição iogue, existe uma deusa que as leva para o lugar quando é hora de morrer. Ela é chamada *Dhumavati*, a grande viúva, aquela que não é auspiciosa, "a deusa velha do desapontamento e do abandono".[15] Só quando você passa por ela é que você se submete à aniquilação total, reconhecendo: "Sim, eu morri. Eu não tenho mais nada". Do outro lado da viuvez "negra" – pelo fato de que se torna um nada – está a nova vida.

A JORNADA CONSCIENTE DA HEROÍNA: ENTREGANDO-SE AO IMPULSO EVOLUCIONÁRIO

A heroína consciente faz a jornada por um grande prêmio: a reunião com a "família sagrada" interior (Figura 4.4). Ao se tornar sua

CAPÍTULO QUATRO

própria mãe e seu próprio amado, ela encontra seu verdadeiro e duradouro amor e a liberdade pela qual ela tanto ansiava e buscava.

A mulher consciente está sintonizada com a pulsão evolucionária; ela vive no mundo dos sentimentos e das percepções. Percebe uma aridez, uma esterilidade na sua vida, um bloqueio da força vital e de Shakti. Reconhece que é hora de se render à morte.

Para uma mulher amadurecer, algo tem que morrer – algo precioso tem que ser sacrificado no altar da morte. A boa notícia é que, no fim das contas, nada realmente morre, nunca. No entanto, ela não sabe disso quando sai para a jornada. Ela simplesmente tem que permitir a morte, abrindo mão daquela zona de conforto e segurança do conhecido. Quando permite a morte de sua infância, ela tem que presenciar sua vergonha, seu luto, sua raiva – tudo isso fazia parte da sua infância. Normalmente esse gatilho é ativado por algum tipo de traição ou perda de poder. Ela tem que presenciar e aceitar isso e enxergá-lo como é, permitindo que ele se processe por ela: "Sim, eu estou de luto", "Sim, eu estou envergonhada", ou "Sim, eu estou sentindo muita raiva". O fogo que a está consumindo é a morte da sua infância. Finalmente ela chega a um lugar onde ela pode falar: "Eu aceito isto. Eu posso enterrar minha perda".

FIGURA 4.4 – A JORNADA DA MULHER CONSCIENTE

5. Sustenta o todo de maneira que lhe dê poder.

INCLUSÃO

IMPULSO EVOLUCIONÁRIO

1. Percebe a aridez, o bloqueamento da força vital (Shakti);

4. Torna-se a sua própria mãe e seu próprio amado;

RESSURREIÇÃO COMO MULHER ADULTA

MORTE DA INFÂNCIA

2. Presencia a vergonha/tristeza/raiva;

3. Aceita e enterra suas perdas;

A jornada heroica

A psicanalista e autora Clarissa Pinkola Estés desenvolveu um exercício interessante baseado nessa ideia.[16] Ela faz seus estudantes olharem a linha de sua vida e lembrar um ponto na jornada onde algo morreu – como um rio que estava indo para algum lugar e estava cheio de vida e de repente acabou, sem chegar ao oceano. Isso é a morte. A sua energia de vida pode ficar bloqueada neste momento. Para você realmente viver de novo, de uma maneira diferente, tem que contar as suas perdas e viver o luto completo delas.

Do outro lado da morte, está uma nova vida. Quando você deixa sua infância para trás, tem sua ressurreição como mulher adulta. Você agora se torna a mãe do seu próprio eu-criança. Não está esperando que ninguém a salve, cuide ou tome conta de você; agora está tomando conta de si mesma. Da mesma forma que você nunca deixaria alguém violar o seu filho, nunca mais vai deixar que a violem. (Nós estamos nos referindo à força psicológica, não à força física, que pode ser superada por um agressor que seja mais forte.) Isso é o que significa ser sua própria mãe.

Células imaginais e o teste da humanidade

As células imaginais carregam o maior potencial de evolução de uma espécie no corpo de indivíduos daquela espécie.[17] A natureza não está interessada se um indivíduo vai viver ou morrer, mas testa continuamente a resiliência geral de toda uma espécie. Se uma espécie passar no teste, é resiliente o suficiente para sobreviver e florescer e continuar em evolução. Quando chega a hora de testar uma espécie para estabelecer qual é o lugar dela no ecossistema evolutivo da natureza, as células imaginais criam uma quantidade suficiente de massa crítica para desenvolver a nova capacidade que dá a resiliência necessária para sobreviver, prosperar e contribuir para o resto do ecossistema.

Hoje, a consciência da humanidade está sendo testada. Estamos prontos para deixar de ser psicologicamente imaturos, crianças infantis, para nos tornarmos seres mais maduros da espécie – tanto como homens quanto como mulheres?

CAPÍTULO QUATRO

Do amor e da guerra dos sexos para a reconciliação interna

O que está acontecendo na consciência coletiva dos homens para existir tanta misoginia? O que está impelindo tantos homens a violentarem mulheres? O que está realmente acontecendo? É comum em várias empresas que o chefe grite e seja abusivo. É assim que muitas pessoas se comportam nas chamadas sociedades civilizadas; pise no nosso calo e não seremos nada civilizados. Nós não temos outra opção a não ser evoluir; se não domarmos o tigre, seremos engolidos por ele. Esta é a grande jornada da humanidade agora.

A humanidade está evoluindo, mas, para nós evoluirmos, temos que nos tornar mestres do nosso próprio poder. Esse poder é a libido, com sua expressão dual como pulsão de vida ou sexual (*eros*) e agressão ou pulsão de morte (*thanatos*). A menos que consigamos controlá-la e aprender como domá-la e canalizá-la corretamente, nós ficamos à sua mercê; ela pode ser uma energia que nos guia e governa.

Para a humanidade se apropriar de seu poder e maturidade como espécie e não ficar emperrada em um estado de "delinquência juvenil", é necessário reconhecer que estivemos pendendo entre o amor e a guerra dos sexos. Por um lado, o homem e a mulher se atraem profundamente; a energia masculina e feminina em cada um está magnetizada para as energias do outro. Por outro lado, há uma necessidade de consumir o outro. Essa necessidade, de uma maneira inconsciente, pode ser sentida como uma batalha para destruirmo-nos uns aos outros. São duas faces da mesma moeda: essas energias nos agitam para que encontremos reconciliação interna em relação a quem nós podemos nos tornar como seres sexualmente maduros. A mulher, por meio de seu útero e do que acontece com ela nos seus ciclos, contém a jornada evolucionária da libido. Tornar a libido consciente é a jornada da heroína – trabalho da mulher. O homem carrega a jornada evolucionária do *logos* (significado), e fazendo aquilo mais consciente. Por isso que há tantos homens em busca de sabedoria.

Aonde a mulher está indo com tudo isso? Ela está olhando para o despertar de Shakti e reivindicando seu poder, contendo o espaço físico do corpo enquanto o homem contém mais o espaço psicológico da mente.

Como representado pelas forças centrípetas e centrífugas iguais e opostas – que mantêm sistemas inteiros de átomos a galáxias em suas estruturas –, aquilo que unifica é a força *yin* e aquilo que separa é a força *yang*. Juntas, elas alcançam um equilíbrio dinâmico no qual a multiplicidade da Criação pode ser mantida mesmo enquanto evolui. Como portadora em nome da humanidade da força *yin*, a jornada de aprendizagem da mulher trata-se de tornar-se mestra de dois mundos: do exterior e do interior, do coletivo e do pessoal, do masculino e do feminino. Ela sabe como unir ambos e através disso liberar a força da Criação.

Como portador em nome da humanidade da força *yang*, da separação e da individuação, a jornada de aprendizagem do homem é semelhante à da mulher, mas complementa-a, guiando a força liberada em direção a formas maiores e mais complexas de seres individuados.

Pode-se dizer que a primeira leva à união e inclusão, enquanto a segunda leva à diversidade. Juntos estão evoluindo as várias possibilidades do universo.

A jornada inteira é sobre expansão e evolução de um "minieu" para o eu maior, que contém todas essas energias em equilíbrio através da ideia da Presença. Se você está na sua Presença, pode deixar essas pulsões se manifestarem sem estar à mercê delas. Você se torna mais do que pode ser recuperando todas as suas partes que perdeu. Quanto mais recuperá-las, mais inteiro se tornará e, quanto mais inteiro se tornar, mais poder poderá reivindicar e acessar na sua liderança.

A ÚNICA SAÍDA É ATRAVESSAR

Às vezes nós escolhemos fazer uma jornada, às vezes escolhemos não fazê-la. Para cada jornada que fazemos, pode haver várias que não vamos fazer. O que nos faz escolher determinadas jornadas?

As respostas podem ser diferentes para cada um de nós. Pode ser medo ou inércia, ou algum tipo de compensação que você pode perder se perturbar o status quo, ou pode ser um conhecimento mais profundo de que você ainda não está maduro ou pronto para esse desafio; você pode sair mentalmente e até fisicamente desorganizado.

Finalmente chegará uma hora – um ponto de escolha, o momento do acerto de contas – em que a jornada não pode ser mais adiada. A única saída é atravessá-la: não fazer a jornada não é uma opção.

Pense na jornada heroica do antílope, frequentemente registrado em documentários sobre a natureza na África. Chega uma hora que eles têm que atravessar um rio cheio de crocodilos. Os antílopes têm que atravessar; eles não têm opção. Eles mergulham no rio e muitos deles morrem. Mas os crocodilos não impedem que eles façam sua jornada. Quando aparece, a jornada da alma humana é parecida. Não viver não é uma opção. Não evoluir também não é uma opção. Precisamos crescer ou morrer.

> **EXERCÍCIO: EM QUE LUGAR VOCÊ ESTÁ NA JORNADA HEROICA?**

É muito possível que você esteja no meio de uma jornada heroica agora. Use as perguntas seguintes para avaliar onde você está e o que pode esperar:

- Em que estágio você está? Pulsão evolucionária, dissolução, evolução ou resolução?
- Você atendeu ao chamado? Se não, por quê?
- Você explorou o novo mundo, em todas as suas possibilidades?
- Qual seu medo mais profundo? Qual o demônio interno que você precisa matar?
- Qual é o seu potencial não realizado (seu dom/força)?
- Quando você achar seu elixir, como vai compartilhá-lo com o mundo?
- Enquanto está explorando essas perguntas, o que está aprendendo sobre si mesmo?

A ONDA CRESCENTE DE SHAKTI É A PRÓPRIA JORNADA DE SHAKTI

Shakti é uma força universal, não apenas uma força individual. O que quer que aconteça na sua vida individual – na sua jornada heroica pessoal – é um reflexo de uma evolução universal do coletivo feminino, respondendo à consciência coletiva masculina superdesenvolvida da humanidade. O sistema inteiro está buscando reequilíbrio; o sistema ficou tão hipermasculino que Shakti vai subir a um nível coletivo universal sem que percebamos que isso está acontecendo.

Nós estamos à beira de uma mudança na consciência; a humanidade está evoluindo do tipo de dualidade "poder sobre o outro" para uma unidade e uma plenitude interna harmonizada. Será uma onda de prosperidade que atingirá a todos.

No próximo capítulo, veremos mais de perto a ideia de plenitude.

CAPÍTULO CINCO

Tornando-se pleno

A primeira habilidade da Liderança Shakti é a plenitude. Por plenitude, nós queremos dizer a capacidade de equilibrar, integrar e unir todas as partes divididas e fragmentadas de alguém. É o único estado no qual podemos acessar todo o nosso poder.

Há uma qualidade aguda de vivacidade em ser pleno. O pleno é de fato maior que a soma das partes; quando atingimos plenitude em qualquer dimensão, nós transcendemos as qualidades das partes individuais sendo integradas e, ao mesmo tempo, ainda somos capazes de expressar seus aspectos únicos e diversos.

A BUSCA PELA PLENITUDE

Símbolos poderosos de diversas culturas semeiam nosso consciente coletivo e inspiram a pulsão em direção ao alcance da plenitude. Eles mostram o caminho para a plenitude para nos inspirar e servir como metas para seguirmos adiante.

O símbolo "vesica piscis" vem da tradição ocidental e mostra dois círculos interconectados dentro de um terceiro círculo. Os círculos interconectados representam as polaridades feminina e masculina se juntando. A área sobreposta age como o *yoni* ou útero através do qual pode-se entrar no terceiro grande círculo, que representa a singularidade – a unidade, o todo que contém todas as dualidades.

Outro símbolo vem da tradição iogue e mostra *ardhanarishwar*, que é Shiva-Shakti integrados, metade homem e metade mulher em uma dança cósmica, eterna. A divindade é venerada nessa forma em muitos templos indianos. Casey Sheahan, ex-CEO da Patagonia, foi profundamente inspirado quando encontrou essa imagem pela primeira vez: "A imagem me inspirou a pensar nos negócios da mesma maneira, porque todos temos esses traços dentro de nós. Eu olhei a estátua e percebi que ela era a perfeita representação de como devemos nos portar energeticamente. Nós precisamos dos dois lados".[1]

Um terceiro símbolo vem da tradição chinesa do Tao; ele retrata os princípios complementares de *yin* e *yang*, em equilíbrio dinâmico entre eles, um contendo o outro em si mesmo quando estão dançando juntos.

Cada um desses símbolos representa a resolução de polaridades e dualidades em uma harmonia, proporcional, um equilíbrio dinâmico, sustentável, mas também sempre evoluindo para um estado de completude mais novo e mais complexo.

OS LÍDERES SHAKTI FALAM: SOBRE A PLENITUDE DA PESSOA

John Gray é o autor de *Homens são de Marte, Mulheres são de Vênus*. Ele pensou profundamente sobre para onde estamos indo nesta jornada de transcender a dualidade masculina/feminina:

À medida que ficamos mais conscientes de quem somos, de nossos "eus" únicos, nós descobrimos que não somos só seres físicos; nós temos uma realidade não física que muitas vezes chamamos de alma ou espírito. Aquela parte nossa não é inteiramente masculina nem inteiramente feminina. É a pessoa inteira, qualquer que seja a calibração de feminino e masculino que tenha. À medida que seguimos nesta pulsão evolucionária em direção à expressão do eu único e à autopercepção que nos levou a isso, nos sentimos confinados aos papéis estereotipados que historicamente nos enquadraram porque era necessário para a sobrevivência. Por que homens e mulheres tinham papéis diferentes? Porque havia uma parceria. À medida que o espírito evolui, essas regras se tornam muito

CAPÍTULO CINCO

limitantes e há uma tremenda confusão de "Quem sou eu?", porque todos temos acesso a ambos os lados.[2]

Polaridades: Os elementos iguais-mas-opostos ou complementares que experimentamos e integramos no caminho para a plenitude.

FEMININO/YIN/ANIMA	MASCULINO/YANG/ANIMUS
• Shakti (energia)	• Shiva (consciência)
• Lado direito do cérebro	• Lado esquerdo do cérebro
• Relacionamentos	• Tarefas
• Sentimento	• Pensamento
• Intuição	• Intelecto
• Estrógeno	• Testosterona
• Relaxamento	• Concentração
• Divergência	• Convergência
• Graça	• Determinação

Três visões de plenitude

Plenitude está indissoluvelmente amarrada à saúde e ao bem-estar. As perspectivas iogue, taoista e ocidental oferecem três visões para pensarmos sobre a plenitude.[3]

A visão iogue da plenitude

A visão iogue de saúde e bem-estar é profundamente espiritual, expressada em termos de transcendência. A vida começa com o divino ou espírito, que são inerente e eternamente plenos. O espírito se manifesta em corpo e mente. Uma vez que a vida extrai continuamente da fonte espiritual, doenças e disfunções resultam quando alguém é separado dela. Naturalmente, a volta ao bem-estar requer a reconexão com o espírito, a fonte original da plenitude.

De acordo com a filosofia iogue, o homem tem duas naturezas: um eu comum (a personalidade do ego ou natureza inferior/mais externa) que vive no âmbito da matéria, e o eu divino (a alma ou a natureza interior/mais elevada) que vive no âmbito do espírito. A plenitude envolve transcender o eu comum e acessar o eu divino: esse estado é sempre de saúde, alegria e liberdade. O eu divino tem o poder e a inteligência para curar, tornando a mente e o corpo unos.

REFLEXÕES

- Como e quando você percebe seu eu divino?
- Como você pode acessá-lo e receber seu poder de cura em seu corpo?

A VISÃO TAOISTA DA PLENITUDE

A visão taoista de plenitude é expressada em termos de equilíbrio. O conceito de plenitude ou a ordem universal da vida é chamada de Tao. Ela mantém seu equilíbrio dinâmico através da interação de duas forças iguais, opostas e complementares chamadas *yin* e *yang*. A interação de *yin* e *yang* produz a energia vital original chamada *Qi*. Tudo, inclusive os seres humanos, refletem essa dualidade essencial. O aspecto *yang* é masculino, ativo, forte e racional, enquanto o aspecto *yin* é feminino, receptivo, suave e emocional. Além disso, todas as criações simultaneamente contêm subsistemas (mente/corpo/espírito) enquanto fazem parte de sistemas maiores, crescentes (família/comunidade/local de trabalho/natureza). Todos esses subsistemas – pequenos ou grandes, humanos ou naturais – e a energia que flui e que os liga formam o "ecossistema".

Para o ecossistema inteiro estar saudável e pleno, o equilíbrio *yin-yang* tem que ser mantido internamente e entre os sistemas. Os taoistas veem a doença como uma obstrução ou estagnação de *Qi*, que está associado com o desequilíbrio de *yin* e *yang*. A plenitude e a saúde são restauradas quando o *yin* e o *yang* são reequilibrados e o *flow* livre e ideal é possibilitado, tanto dentro de uma pessoa quanto dentro do ecossistema. Isso pode ser feito através de várias ferramentas e técnicas de trabalho com a energia: na medicina, com um equilíbrio de ervas, e para equilíbrio pessoal, praticando Tai Chi e Qi-gong.

Michael Gelb, autor de diversos livros, incluindo *Aprenda a Pensar com Leonardo da Vinci*, estudou a sabedoria taoista extensivamente. "A sabedoria do *yin* e *yang* é o equilíbrio e a harmonia entre os opostos. É o próprio princípio que mantém e nutre nossa existência. Você inspira e expira. Seu coração se contrai e expande. Todas as suas células expandem e contraem. O que chamamos de saúde é a pulsação rítmica de todo nosso ser".[4]

REFLEXÕES

- De quais ecossistemas você faz parte e quão equilibrados ou polarizados eles são?
- Quão equilibrados ou polarizados são seus aspectos *yin* (feminino) e *yang* (masculino)?

UMA VISÃO OCIDENTAL DE PLENITUDE

Na maioria dos campos do pensamento ocidental, o conceito de plenitude é difícil de encontrar. Uma boa parte do pensamento ocidental tem sido direcionada à especialização, focando em partes individuais ao invés do todo. Essa abordagem impulsionou o conhecimento do mundo em muitas direções. Mas ela pode ser limitante e excludente, ao contrário de expansiva e holística.

O conceito ocidental de plenitude mais atraente vem do trabalho de ego-sombra de Carl Jung. Todos temos uma sombra ou um lado negro que consiste de nossas partes reprimidas, negadas, rejeitadas. Se não reconhecermos isso, ela pode nos impedir de realizar todo nosso verdadeiro potencial. Se não ficarmos conscientes do inconsciente, ele pode mandar na sua vida. Como Jung disse, "A lei psicológica diz que, quando uma situação interna não é levada à consciência, ela acontece externamente como destino".[5] Isso também nos impede de conectar e colaborar verdadeiramente com pessoas à nossa volta; como o ditado diz: "Nós julgamos nos outros o que negamos em nós mesmos".

Jung aprofundou o entendimento antigo de homem como composto por *psique* (mente) e *soma* (corpo). Ele descobriu que a própria psique era composta por muitos aspectos, inclusive *ego* e *sombra*. O ego de uma pessoa é seu sentido de ser ou identidade pessoal, a parte dela mesma que está consciente ou que ela percebe; esse ego é baseado em sua formação e suas experiências, assim como em suas aspirações e escolhas. Cada pessoa também carrega na psique uma "sombra" da qual não tem consciência; ela é composta por qualidades que são opostas ao que é mostrado pelo ego. A sabedoria mais profunda revela que nada é verdadeiro sem que seu oposto exato também seja verdadeiro; assim o universo procura equilíbrio.[6] O jeito de cultivar a plenitude é abraçar a "sombra". Enquanto o ego faz de tudo para negar, rejeitar e reprimir as qualidades da sombra porque ele as julga como indesejáveis e ameaçadoras, o crescimento verdadeiro vem da integração dessas características em sua vida. Essa integração faz a pessoa retornar à plenitude psicológica, um processo que Jung chama de "individuação". Isso pode ser feito através do autoentendimento, da observação da sombra, do mapeamento de polaridades etc. O trabalho da sombra é seu próprio campo de psicoterapia, que alguém pode fazer com um terapeuta junguiano.

REFLEXÕES

- O que você sabe e reconhece da sua sombra?
- Que aspectos ou qualidades suas você está abrindo mão para poder ser o tipo de pessoa que você é?
- Como e quando você causa dor ou conflito em você mesmo ou nos outros?

CAPÍTULO CINCO

• Como você pode trazer o material da sombra para a luz e expressá-lo de forma saudável?

Jung observou que, depois de integrar o ego-sombra, o nível seguinte de integração necessária para chegar à plenitude psicológica ou individuação é integrar sua *anima* (seu complemento mulher/feminino interno se você for homem) e seu *animus* (seu complemento homem/masculino interno se você for mulher).

Em suma, essas três tradições importantes nos oferecem três perspectivas diferentes de plenitude. A perspectiva iogue aponta para uma plenitude superior espiritual que pode ser conseguida unindo seu eu comum com seu eu divino. A perspectiva taoista abraça uma plenitude mais ampla e sistêmica que pode ser conseguida equilibrando *yin* e *yang* dentro de si mesmo e dentro de seu ecossistema. A perspectiva junguiana demanda uma plenitude interna psicológica que pode ser conseguida através da integração ego-sombra e da *anima-animus*.

A REUNIÃO DA FAMÍLIA SAGRADA

Outra cisão ou dualidade que existe dentro da nossa própria psique é entre os nossos eu-pais e eu-criança. Enquanto crescemos e desenvolvemos um ego funcional no mundo, nós aprendemos comportamentos e padrões de crenças de nossos pais.

Para um homem se individuar, é através do pai primário que ele se orienta, o primeiro modelo, na sua vida, de masculinidade. De maneira semelhante, é através da mãe primária que a mulher se orienta, o primeiro modelo na sua vida de feminilidade. À medida que amadurecemos, as vozes de nossos pais ainda ressoam dentro de nós, nos oferecendo proteção e dando conselhos ao nosso ego imaturo e frágil, nosso eu-criança. De acordo com a Análise Transacional (uma terapia psicanalítica para entender as interações entre indivíduos), nós internalizamos tanto essas vozes que elas se tornam energias poderosas, arquetípicas, que nos dirigem. Nós desenvolvemos um "pai interno" mesmo que tenhamos dentro de nós o arquétipo da criança interna, que é um instinto maravilhoso, brincalhão, criativo na psique.

À medida que crescemos, nós nos individuamos de nossas relações primárias com nossos pais externos. Para que ela atinja a sua própria maturidade, cuide-se e tome suas próprias decisões; a menina que está indo para a maturidade precisa desconectar-se de seus padrões vinculares com sua mãe e achar essas mesmas qualidades de cuidado e de acolhimento dentro dela mesma. De certa maneira, ela tem que se tornar sua própria mãe.

No entanto, em razão do patriarcado em que a maioria das mulheres foi criada, muitas se afastaram da figura de suas mães, desvalorizando e negando suas qualidades essenciais. Isso deixou uma ferida na nossa psique – uma ferida que precisamos curar. Nós podemos conseguir essa cura validando, reconhecendo e nos apropriando de todas as habilidades poderosas do feminino maduro dentro de nós mesmos. Isso é chamado de "cura da cisão mãe/filha, a ferida profunda da mulher".[7] É como nos tornamos uma mulher madura. O homem tem que fazer a mesma coisa com sua figura de pai, achando e integrando todas as qualidades positivas masculinas dentro dele mesmo.

Atingindo a maturidade, estamos prontos para o próximo nível de integração, o "casamento sagrado" das qualidades internas masculinas e femininas – o que Jung chamou de integração do seu *animus* (se você for uma mulher) ou sua *anima* (se você for homem).[8]

Resumindo, nós temos que reivindicar nossas metades perdidas para nos tornarmos uma pessoa una. Quando nos tornamos nossos próprios pais e nossos próprios filhos, e achamos tanto nossa natureza feminina interior quanto a natureza masculina interior em uma dança autossustentável e criativa, nós alcançamos "uma reunião da família sagrada" e chegamos ao nosso eu pleno, saudável, individuado (Figura 5.1). Este é um estado em que a união de nossos homem-mulher interiores nos dá a capacidade de exercitar "amor exigente" e nossa integração pai-filho nos torna um "sábio-bobo"!

O CASAMENTO INTERIOR

O Graal Sagrado da busca por plenitude em muitas mitologias é o casamento interior, que pode ser entendido como uma dança do amor e poder dentro de nós. Usando o símbolo *yin-yang*, ele retrata a união sagrada da mulher "atenta" e do homem "sentimental", ou "a mulher da sabedoria e o homem do coração".[9] Em outras palavras, nossa masculinidade interna atinge a plenitude madura integrando, internamente, as qualidades complementares *yin*; da mesma forma, nossa feminilidade interna matura na plenitude integrando as qualidades internas *yang* (Figura 5.2).

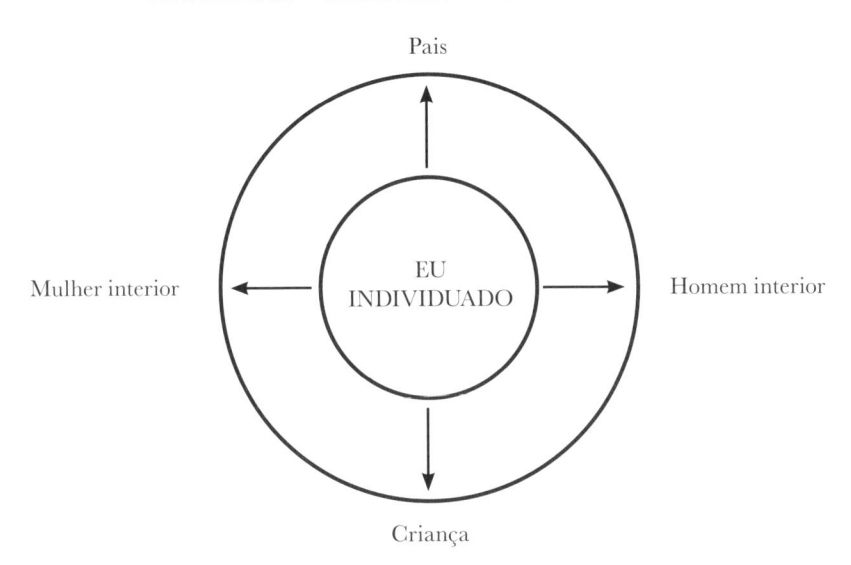

FIGURA 5.1 – A REUNIÃO DA FAMÍLIA SAGRADA

```
                        Pais
                         ↑
        Mulher interior ← EU INDIVIDUADO → Homem interior
                         ↓
                      Criança
```

A jornada para o casamento interior é um trabalho para a vida inteira. Exige uma quantidade significativa de trabalho interior para descobrir sua outra metade complementar, achar e encontrar o amado e chegar a uma união sagrada. Trata-se de achar sua sabedoria e força masculina – Shiva – assim como despertar o Shakti – a natureza emocional feminina que profundamente dá vida e alimenta a partir do interior. Dessa forma, tanto homens quanto mulheres tornam-se o *ardhanarishwar*, com traços que são simultaneamente femininos e masculinos; ambos são plenos, cada um à sua maneira.

Figura 5.2 – O casamento interior; uma dança de amor e poder

O herói aprende a dizer sim, abre os limites para acessar a vulnerabilidade e achar o amor

O HOMEM AFETIVO

A MULHER MENTAL

A heroína aprende a dizer não, estabelece limites para ganhar segurança e reivindica poder

Uma vez que você esteja pleno, pode ter relacionamentos perfeitamente harmoniosos com qualquer pessoa, porque você não precisa mais que ela o complete. Quando você realmente atinge sua individuação, sua plenitude psicológica, pode observar o mundo e saber como aceitar e incluir todo mundo. Você sabe como "manter a plenitude" de tal forma que ajude os outros sem torná-los codependentes de você. Sabe como manter o espaço para que eles possam fazer a jornada.

Essa é a capacidade máxima feminina: ser capaz de manter a plenitude e suportar a jornada da vida. Nilima fala a esse respeito baseada na sua experiência pessoal do processo de individuação e sendo capaz de se identificar profundamente com a deusa iogue Shakti.

Eu estou na trilha de uma ioguini desde o ano 2000. Minha jornada de busca começou em 1998 com uma crise profissional, seguida por uma crise pessoal quando meu marido foi diagnosticado com câncer em 2001. Eu vim para a ioga através da tradição iogue Sivananda, e então para a Ioga da Mãe Integral e Sri Aurobindo. Desde então eu nunca mais olhei para trás à medida que sigo minha jornada para as graças da Mãe. Passo a passo eu virei de cabeça para baixo todos os aspectos da minha

CAPÍTULO CINCO

vida profissional e pessoal e meus relacionamentos e tive oportunidade de fazer ioga. Este é o caminho da ioga integral: de se submeter e se entregar à Shakti suprema, a ponte entre a fonte transcendental e sua criação material, que faz a mediação e integra os dois. Shakti espiritualiza a matéria e materializa o espírito. Nós chamamos este Shakti supremo de Mãe Divina, ou simplesmente Mãe, e nos relacionamos com ela como uma criança se relacionaria, encontrando muita força e alegria em uma experiência relacional e pessoal de um princípio transcendental.

A Mãe é o agente do divino que leva a evolução para sua realização e perfeição. Como parte desse trabalho, eu como mulher tive que despertar para o fato de que, para poder crescer, uma mulher tem que vivenciar o uso e o abuso do poder, que se manifesta de várias formas, inclusive e especialmente nos seus relacionamentos mais amorosos e profundos.

A NATUREZA DUAL DA DEUSA

A consciência divina é Shiva, o masculino, e sua força criativa dinâmica é Shakti, o feminino. A deusa na tradição iogue tem duas lindas naturezas. Quando Shakti está em um estado harmônico (por exemplo, não está em conflito com o masculino), ela é Parvati ou Gauri, que quer dizer "o branco (ou a luz)", que senta ao lado de Shiva com seus filhos Ganesha e Karthikeya. Eles são uma família sagrada vivendo em harmonia, dirigindo o universo deles. Mas quando ela tem que dominar o masculino que aparece de maneira inconsciente, agressiva, violenta, esta mesma Gauri se torna Kali (ou o escuro).

Na iconografia iogue, uma Kali selvagem, devorador, é mostrada dançando sobre o cadáver de Shiva. Um cadáver chamado *shava*, que quer dizer literalmente um corpo sem Shiva, consciência. Só quando Shiva desperta e intervém, Kali, com o Shakti caótico, é apaziguada e harmonizada.

Em outro mito iogue, o demônio Mahishasura (que representa a pulsão para agressão sexual) é combatido por nove dias e nove noites e finalmente é derrotado no décimo dia pela deusa Durga, que também é um aspecto da energia Kali. Durga é a deusa virgem; é interessante que quando a deusa está na sua forma virgem, ela enfrenta a força sexual agressiva do masculino. Da mesma forma, quando a batalha acaba, ela volta a ser Shanta ou a pacífica Durga, e se reintegra com Dauri, a consorte feliz de Shiva.

Essas são as belas simbologias através das quais as mitologias de todo o mundo nos mostram a psicologia que está por trás do masculino e do feminino. É algo que está sendo trabalhado no corpo coletivo da humanidade.

Curando a criança interior ferida

Tanto a sabedoria oriental quanto a psicologia ocidental tratam dos diferentes aspectos que formam o ego ou a personalidade.[10] É como se a pessoa tivesse dentro do corpo não um eu, mas vários "eus", cada qual com suas preferências e modo de ser no mundo. Para ser uma pessoa que completa e que funciona bem, é preciso que se esteja ancorado no seu eu mais autêntico e cônscio, enquanto também é capaz de acessar todos os outros eus na medida do necessário. Um desses eus é a criança interior, o eu que é criativo e curioso, com uma grande capacidade de se maravilhar e se alegrar.

Essa criança interior ficou na idade psicológica de seis ou sete anos. Em um mundo ideal, nossa criança interior nos lembra de nos divertirmos, vermos a vida com novos olhos a cada momento e sermos felizes. No entanto, com muita frequência, essa criança interna vulnerável foi ferida nos primeiros anos e desenvolveu mecanismos para lidar com situações tais como acessos de raiva, abstinência e enaltecimento de si própria para encarar ocorrências difíceis, sentir-se segura e conseguir amor e aceitação. À medida que crescemos, essa criança pode continuar ferida; e a ferida inevitavelmente aparece quando se está estressado ou se sente ameaçado. Esse tipo de situação ativa a memória da reação que se usou quando criança para se defender ou se proteger, e a mesma reação é repetida.

Enquanto emoções como raiva, autopiedade e orgulho podem ter sido úteis em situações difíceis da infância, elas normalmente não são respostas adequadas na vida adulta. Como um adulto consciente, você precisa descobrir suas feridas e curá-las, substituindo respostas que não são saudáveis por respostas mais eficazes e saudáveis. Isso trará um alívio profundo tanto para você quanto para as pessoas à sua volta, as quais têm que aguentar o peso do

CAPÍTULO CINCO

seu padrão inapropriado de comportamento. No entanto, mesmo depois de entender como as emoções negativas podem fazer mal à sua saúde, as pessoas frequentemente ainda não conseguem ou querem mudar. Seus hábitos de padrões negativos, que foram bem cultivados, podem servi-los ainda de alguma maneira; talvez seja o único jeito que eles conhecem para satisfazer a necessidade que não foi satisfeita, para curar a criança interior ferida e estimular padrões que alimentam a vida e seus processos. Conectar-se com suas necessidades reais e aprender a satisfazê-las de maneira saudável são aspectos essenciais para tornar-se pleno.

REFLEXÕES

- Quais são alguns de seus padrões emocionais recorrentes? Quando você os aprendeu pela primeira vez?
- Para que eles serviam naquela época? Para que eles estão servindo agora?
- Você consegue identificar o sentimento sob a emoção e a necessidade que não foi satisfeita sob esse sentimento?
- Como você pode satisfazer essa necessidade de forma legítima e saudável?

A FERIDA MASCULINA NOS HOMENS

A ferida feminina é adolescente por natureza. Muitas mulheres hoje em dia estão presas no estágio de desenvolvimento da adolescência, não estando prontas para crescer. Elas têm que lutar com o mito do romance e dependência da figura masculina que as avaliará e se tornará seu parceiro sexual.

Com os homens (ou o masculino interior), nós lidamos com um nível de desenvolvimento na psique ainda mais profundo, infantil ou arcaico, que pode não ter sido tratado ou pode estar incompleto.

Da mesma forma que o nosso corpo, que tem um sistema imunológico para defendê-lo de ataques de antígenos estranhos, nossa psique também tem um sistema imunológico para defendê-la de possíveis ameaças de uma fonte externa à sua integridade e equilíbrio. Em doenças autoimunes, o mesmo sistema que protege o corpo o ataca e destrói. De maneira similar funciona nosso sistema de defesa hiperpsicológico; se não for olhado, pode bloquear nosso próprio crescimento psicológico, e pior, nos tornar disfuncionais.

Muitos homens carregam uma criança interna ferida muito vulnerável e constroem um sistema de defesa enorme para acobertar sua vulnerabilidade. Isso aparece em alguns homens como agressão e uma tendência a contra-atacar ferozmente quando se sentem ameaçados. Essa ferida profunda está ativa na psique coletiva dos homens e do masculino interior, expressada por muitos dos conflitos no mundo: violência, guerras, terrorismo, conflitos territoriais em casa e no local de trabalho, jogos de poder e campos de batalha.

Não é a intenção deste livro desafiar os erros dos homens, mas sim, com compaixão, descobrir a psicologia em funcionamento para ajudar a expressá-la de maneira mais saudável e inclusiva. O primeiro passo é reconhecer e perceber sua natureza não desenvolvida, e em seguida responsabilizar-se pela cura e amadurecê-la.

Usando como referência o processo de individuação de Jung, a primeira jornada que temos que fazer para a plenitude psicológica (por exemplo, integrar o ego-sombra) é integrar nossos eus pais-filho. A sombra é frequentemente parte do nosso eu-criança infantil, que ficou sem desenvolvimento por diversas razões de autodefesa. A jornada interna do herói ou a jornada masculina se trata de encarar nossos medos e recuperar a sombra ou o eu-criança do inconsciente. A segunda jornada é para integrar nossa *anima-animus*. Essa é uma jornada para o amor.

Uma vez que tenhamos integrado nossa criança interior/sombra e o amado interno, nós chegamos ao nosso eu maduro e podemos então nos dirigir à terceira jornada, a maior aventura humana: a jornada para a superconsciência, para abraçar nosso eu-superior, para incorporar capacidades até agora atribuídas às divindades.

Então, tanto homem quanto mulher, o herói dentro de nós precisa fazer três buscas: uma para aventura, quando encaramos nossos medos, em seguida para o romance, quando vamos em direção ao amor, e finalmente para a iluminação, quando conseguimos autocontrole e o trazemos para atender altruisticamente o mundo.

CAPÍTULO CINCO

O EU DE QUATRO PARTES

A experiência humana da jornada heroica acontece em dois grandes níveis: no nível da mente e no nível do corpo. O nível da mente é chamado de psique e o nível do corpo é chamado de soma.

São duas forças nas quais cada uma tem dois lados: uma funciona no corpo, a outra, na mente. Isso cria o que Brian Skea chamou de "eu de quatro partes". É um modelo do eu com quatro aspectos arquetípicos: *logos, mythos, thanatos* e *eros* (Figura 5.3).[11]

Os humanos diferem dos animais porque os primeiros possuem uma mente. A evolução somática no corpo animal, que ainda está acontecendo, atingiu um alto nível de refinamento no curso da evolução. No mundo dos animais antes dos humanos, o corpo foi aperfeiçoado – gatos pulam e aterrissam com facilidade, os macacos pulam de galho em galho sem esforço. Mas quando a mente veio para definir o que significa ser humano, nós nos tornamos animais confusos. O corpo e a mente vêm brigando um com o outro internamente desde então. A psique diz: "Fique, faça o trabalho", mas o soma fala: "Eu não me importo. Eu só quero dormir". Nós só conseguimos nos tornar plenos e atingir saúde física e clareza mental a partir do momento em que conseguimos harmonizar nossas energias psíquicas e somáticas.

FIGURA 5.3 – O EU EM QUATRO PARTES

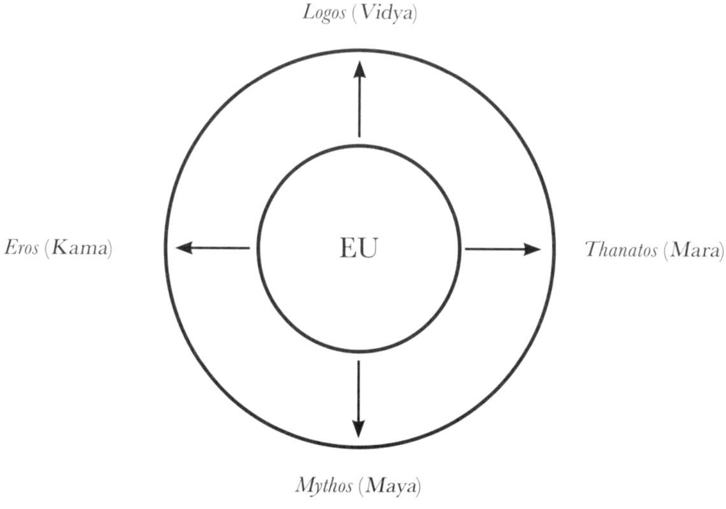

Logos (Vidya)

Eros (Kama) — EU — *Thanatos* (Mara)

Mythos (Maya)

Tornando-se pleno   99

Diferentes forças estão em jogo na psique e no soma. No soma existe um instinto para a vida, ou *eros*. Todos os animais têm um instinto para se acasalar e perpetuar a espécie. Há também, em todos nós, um instinto para a morte, ou *thanatos*. Isso também é essencial. Pense no que acontece com algumas de nossas células quando elas não morrem; é assim que temos câncer, porque *thanatos* não está mais funcionando. Sem morte não pode haver mais vida. Onde há um instinto de vida, tem que haver um instinto de morte. Senão o ciclo não tem como continuar.

Um livro chamado *Terror, Violence, and the Impulse to Destroy* (Terror, Violência e o Impulso para Destruir) foi lançado logo após o evento traumático de 11 de setembro. Psicólogos tentavam entender o que, na natureza humana, poderia permitir que indivíduos fossem capazes de tanta destruição. De onde vêm esses impulsos destrutivos?[12] Eles estão na nossa biologia. Junto com o nosso instinto sexual ("kama", em sânscrito), dentro de cada um de nós, carregamos o instinto de morte ("mara", em sânscrito) de onde emana o impulso para destruir.

Nossa psique também tem dois lados: o *logos* e o *mythos*. *Logos* é a mente racional e lógica que o ajuda a pensar sobre as coisas, a entender e discernir. Este é o impulso que tenta nos evoluir para o próximo nível de consciência. Para equilibrá-la, você tem o *mythos* inconsciente, que reside no mundo simbólico, mítico, o mundo especial, com arquétipos personificando emoções como luxúria, raiva, ódio, ganância e ciúmes. Na tradição iogue, esses dois aspectos são conhecidos como *vidya* e *maya*. *Logos* ou *vidya* é considerado o domínio do masculino, e *mythos* ou *maya* é o domínio do feminino.

Como seres pensantes, muitos de nós prefeririam ficar no domínio superior. No entanto, nós não temos escolha, e temos também que passar nos ciclos do domínio inferior. É aí que se encontra o poder real, o Shakti, o suco da vida. Ele não é encontrado em Shiva, no masculino estático, o eterno, que não se manifesta, ou em seus representantes, a mente que raciocina. Ele tem que ser vivido e conseguido atravessando o terreno mítico e vital de Shakti.

Esse é o "eu de quatro partes". O seu corpo/mente está sempre sendo revolvido por essas quatro forças. É como se estivéssemos sendo virados por esses quatro braços. Eles estão se empurrando uns contra os outros e nós estamos bem no meio disso. Essa é nossa jornada.

UM SÍMBOLO UNIVERSAL DE PLENITUDE E O SER AUSPICIOSO

Em algum lugar existe só uma psique, o consciente coletivo. Toda vez que ele discerne uma verdade da jornada da vida, ele tenta mostrá-la em forma de diagrama. Os símbolos resultantes apreendem verdades eternas.

Toda a geometria e física da criação foram compreendidas e apreendidas por todas as tradições de sabedoria no símbolo da cruz, que é associado intimamente com o cristianismo, mas que veio para significar universalmente o sentimento auspicioso e de plenitude. Pode-se vê-la em muitas tradições de sabedoria, como a suástica hindu e budista e na *chakana*, a "Cruz Inca". Ela representa os princípios originais e de organização pelo qual o divino e o eterno podem se manifestar aqui na terra. Ao centro, onde dois braços se cruzam, está o portal entre tudo o que há e o que você é. Lá está o que significa ser centrado, o que é ser completamente e totalmente presente. Os quatro braços significam as quatro direções ou as quatro faces de Brahma. O drama da realidade e a dinâmica da criação e como ela funciona foram apreendidos nesses símbolos de diferentes tradições.

O consciente e o inconsciente são dois mundos: o que você conhece e o que não conhece. Para dominar a vida, você tem que saber como ficar naquele espaço parado no centro, no calmo olho do furacão. Nesse centro é que você acessa sua plenitude, todas as partes da sua humanidade. É onde você se harmoniza e se equilibra, integra-se e alinha-se com os quatro impulsos principais necessários para se expressar como um ser humano completo.

Sua Presença também está localizada nesse centro. Quando está centrado assim, você está verdadeiramente presente.

CAPÍTULO SEIS

Cultivando a flexibilidade

Um líder consciente precisa ser flexível. Nós definimos a flexibilidade como "a capacidade de mudar de sintonia facilmente, e dobrar sem quebrar, de acordo com o que pede a situação ou o contexto". Exemplos de flexibilidade são abundantes na natureza. A árvore de bambu recebe sua resiliência da sua capacidade de ser flexível; ela se dobra, mas não quebra sob vento. Um camaleão sabe como alterar as cores para se adaptar ao seu contexto, a fim de sobreviver e prosperar. Os líderes também precisam ser capazes de dobrar, mas não quebrar, adaptando-se às circunstâncias de uma maneira fundamentada, sem sacrificar os seus valores fundamentais.

Polaridades e paradoxos

O fluxo constante e inexorável da vida leva-nos através de um ritmo contínuo entre polaridades, que muitas vezes aparecem para os líderes como dilemas. Por exemplo, os líderes podem ser confrontados com dilemas tais como eficiência *versus* inovação, curto prazo *versus* longo prazo, urgentes *versus* importantes, controle *versus* delegação. O domínio necessário para lidar com dilemas é a capacidade de se flexionar.

Ao lidar com polaridades, a escolha não é entre o certo e o errado; é entre o certo e o certo. É como ser solicitado a escolher entre o Polo Norte e o Polo Sul; não existe bom ou mau, certo ou errado. No entanto, continuamos a enfrentar a tensão de ter de fazer uma escolha. Temos de aprender como e quando fazer o ciclo de um polo a outro, em vez de tentar ser ambos. Precisamos sentir o que a situação realmente exige no momento de um estado de Presença. Alguns dilemas de liderança nos apresentam um paradoxo. Nesse caso nós temos uma terceira opção: a de simplesmente não escolher, ou fazer ciclos entre os dois polos, mas saber como ir além deles em um terceiro lugar eficaz. Michael Gelb oferece exemplos dos tipos de desafios que enfrentamos em conciliar o aparentemente irreconciliável:[1]

- Pense estrategicamente e invista no futuro, mas mantenha os números subindo. Planeje a longo prazo, mas também pense sobre o curto prazo.
- Seja empreendedor e assuma riscos, mas que não custem nada ao negócio caso não dê certo.
- Continue a fazer tudo o que você está fazendo atualmente ainda melhor, e passe mais tempo comunicando-se com os funcionários, trabalhando em equipe e lançando novos produtos.
- Conheça todos os detalhes do seu negócio, mas delegue mais responsabilidade para os outros.
- Torne-se apaixonadamente dedicado à sua visão e fanaticamente comprometido a realizá-la, mas seja flexível, ágil e capaz de mudar de direção rapidamente.
- Fale, seja um líder, defina o rumo, mas seja participativo, ouça bem, coopere.
- Tenha todas as virtudes tradicionais masculinas e todas as virtudes femininas ascendentes.

Estar diante de uma polaridade é como ficar preso entre os dois polos de um ímã ferradura. Entre eles, existe um campo que é invisível, mas poderoso. Esse é o seu campo de potencial e de criação, criado exatamente por causa da polaridade. Nesse campo, você tem a oportunidade de converter a energia potencial em energia cinética. Se colocar um fio no espaço entre os polos magnéticos, uma corrente elétrica é gerada. O combustí-

CAPÍTULO SEIS

vel, a força da vida ou a energia que a move e anima não existiriam sem polaridades.

MAPEAMENTO DE POLARIDADE

Uma ferramenta útil para pensar sobre dilemas é o mapeamento de polaridade, desenvolvido pelo Dr. Barry Johnson.[2] Quando confrontadas com uma polaridade, a maioria das pessoas tende a ter uma preferência por uma das escolhas. O mapeamento de polaridade é uma ferramenta poderosa para ajudar-nos a nos descolar dos nossos padrões excludentes de pensamento e de comportamento. Muitos problemas são simplesmente polaridades que podem ser tratadas usando "e" em vez de "ou", isto é, incluindo ambas as qualidades polares como pares interdependentes para chegar a uma solução. Em muitos casos, essa é a única maneira de encontrar uma solução duradoura, impactante.

FIGURA 6.1 – MAPA DE POLARIDADE

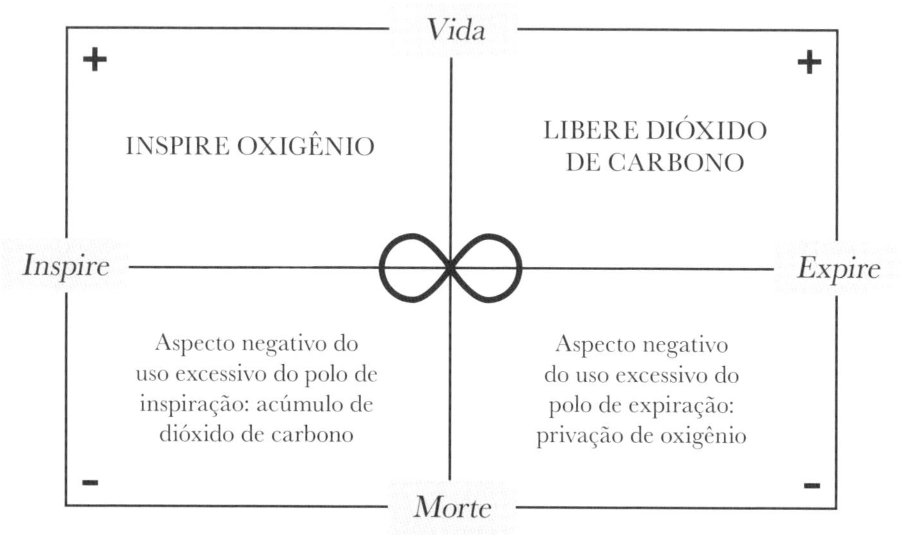

	Vida	
+ INSPIRE OXIGÊNIO		**+** LIBERE DIÓXIDO DE CARBONO
Inspire	∞	*Expire*
Aspecto negativo do uso excessivo do polo de inspiração: acúmulo de dióxido de carbono **−**		Aspecto negativo do uso excessivo do polo de expiração: privação de oxigênio **−**
	Morte	

Cultivando a flexibilidade

Aqui está um exemplo simples de um mapa de polaridade, ilustrado na Figura 6.1. Todos nós queremos viver e evitar a morte. Para isso, temos que inspirar e expirar. Muitos dilemas de valores estão no formato de ser solicitado a escolher se você prefere inspiração ou expiração. Nós atribuímos uma carga positiva à inalação porque é isso que traz o oxigênio que dá vida para nossos pulmões. Mas se continuar a inspirar sem expirar, você começa a cair no negativo, o uso excessivo do polo que é percebido como positivo. A desvantagem do uso excessivo do polo inalar é que o dióxido de carbono se acumula dentro do seu corpo. Quando isso acontece, seu corpo vai automaticamente para o outro polo, onde ele começa a liberar o dióxido de carbono. Se continuar liberando dióxido de carbono, você naturalmente vai cair no uso excessivo do polo expirar, o que leva à privação de oxigênio.

Assim é como você circula pelas polaridades quando ambas são necessárias. É uma lei muito natural: muito de algo o empurra automaticamente para o outro lado, e muito de seu oposto empurra-o de volta ao primeiro polo. É assim que o ritmo de vida é mantido. Longe de serem coisas ruins, polaridades são muito necessárias. Nós simplesmente precisamos reconhecer onde estamos no ciclo e responder adequadamente.

Os líderes Shakti falam: sobre polaridades

Lynne Twist oferece uma maneira convincente de transcender polaridades, a partir da diferença entre tomar uma posição *versus* assumir um ponto de vista.

Quando eu estou em uma posição de liderança e estou confusa, pois há tantas vozes e não se pode precisar qual caminho percorrer, quem está certo ou errado e qual voz é mais forte, eu sempre sinto que o que se quer transmitir não pode aparecer. Quando as pessoas ficam presas no seu ponto de vista ou na sua posição, cria-se um ponto de vista contrário. Uma posição sempre cria a sua oposição: esquerda cria direita, direita cria esquerda, aqui cria lá, para cima cria para baixo, nós criamos eles. Essas são posições. Pense nelas apenas como pontos de vista... como quando você tem um ponto de vista específico porque

CAPÍTULO SEIS

você está em Washington, D.C. Pontos de vista são importantes e úteis; eles são posições no tabuleiro do jogo. Mas se você acha que o seu ponto de vista é o único certo, isso dificulta a sua capacidade de mudança.

A melhor maneira de pensar sobre isso é "tomar uma posição". Toda grande liderança vem da capacidade de se tomar uma posição. Uma posição é um lugar de onde se tem visão. Uma posição engloba, permite e respeita todos os pontos de vista. Uma vez que um ponto de vista tem sido respeitado ou ouvido, pode se dissolver; ele não precisa lutar por sua posição. Quando você toma uma posição, abandona o seu ponto de vista; em vez disso, pode liderar com uma visão, algo inspirador que engloba e permite que todos os pontos de vista sejam vistos, respeitados e capazes de contribuir com o processo. Uma vez que você os tenha recebido, eles podem dissolver-se porque não precisam mais lutar para estarem certos ou errados. Em uma reunião onde as pessoas estão discutindo a partir de seu ponto de vista, se o líder consegue se posicionar por uma visão maior ou mais profunda do que quaisquer pontos de vista na reunião, e de lá receber, ouvir e recriar todos os pontos de vista da mesa, então a discussão de posicionamento e de quem está certo e quem está errado começa a se dissolver, e todo mundo começa a encontrar alinhamento e uma visão compartilhada. A questão pode avançar para sua resolução natural ou realização.

Gandhi é um exemplo de um líder que tomou uma posição que permitiu que todos os pontos de vista fossem ouvidos, respeitados e começassem a se dissolver. No trabalho que eu fiz com o Projeto Fome, não estávamos contra nada. Estávamos a favor de um mundo onde cada ser humano tem chance de ter uma vida saudável e produtiva. Martin Luther King Jr. é outro exemplo; sua visão foi o que inspirou a sua liderança, não o seu ponto de vista. Obviamente, ele tinha um ponto de vista que a segregação é errada; ele tinha uma posição de que as leis que regiam nosso país eram preconceituosas. Tudo isso era totalmente válido. Mas ele liderou a partir da visão e de uma posição, e não de uma opinião a favor ou contra alguma coisa.[3]

MAPA DA POLARIDADE FEMININA E MASCULINA

Valores masculinos e femininos apresentam uma polaridade semelhante (Figura 6.2). Você pode ser uma mulher ou um homem, mas dizer "Porque eu sou uma mulher tenho que ser mais feminina" ou "Porque eu sou um homem tenho que ser mais masculino" é como forçar-se a escolher entre inspirar e expirar. Essas são qualidades complementares; juntas, elas trazem plenitude. São polaridades para alavancar o destravamento e aumentar a energia disponível para o seu uso, para evoluir e elevar o seu jogo, bem como a sua capacidade de funcionar como um ser humano completo.

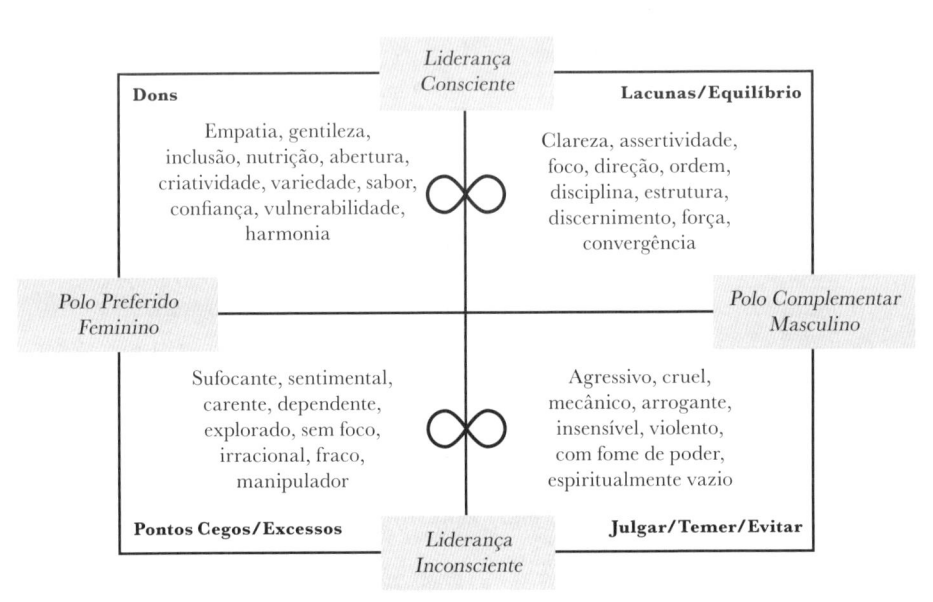

FIGURA 6.2 – MAPA DE POLARIDADE FEMININA E MASCULINA

	Liderança Consciente	
Dons		**Lacunas/Equilíbrio**
Empatia, gentileza, inclusão, nutrição, abertura, criatividade, variedade, sabor, confiança, vulnerabilidade, harmonia	∞	Clareza, assertividade, foco, direção, ordem, disciplina, estrutura, discernimento, força, convergência
Polo Preferido Feminino		*Polo Complementar Masculino*
Sufocante, sentimental, carente, dependente, explorado, sem foco, irracional, fraco, manipulador	∞	Agressivo, cruel, mecânico, arrogante, insensível, violento, com fome de poder, espiritualmente vazio
Pontos Cegos/Excessos	Liderança Inconsciente	**Julgar/Temer/Evitar**

A nossa era da ciência e da tecnologia tem supervalorizado a mente e o eu racional às custas do nosso lado criativo e intuitivo. Claro que vindo na esteira da Idade das Trevas, o eu racional claramente precisava ser desenvolvido. Mas ao ir longe demais nessa direção, existe o perigo de perdermos o outro lado. É como ir à academia e só trabalhar um lado do seu corpo. Precisamos desenvolver todas essas outras partes: nossa intuição e nossa inteligência emocional, sistêmica e espiritual.

Da mesma forma, a energia masculina tem sido muito mais cultivada na maioria de nós (tanto nos homens como nas mulhe-

CAPÍTULO SEIS

res) através de nossas culturas e sistemas educacionais. Você não pode voar com apenas uma asa. O outro lado tem sido grandemente ignorado e desvalorizado. Toda esta jornada e a mensagem principal deste livro é sobre saber como desenvolver o feminino negligenciado e trazê-lo para o equilíbrio.

Uma vez consciente de tais polaridades e de suas próprias inclinações, você pode determinar como precisa estar em determinada situação. Encontre o seu arquétipo dominante, mas saiba qual é seu arquétipo complementar, e extraia dele para se flexionar quando for necessário. A Presença lhe dá a capacidade de flexibilizar-se de tal forma que não seja necessariamente a sua tendência natural ou arquétipo.

REFLEXÕES

Tire alguns momentos para estudar o Mapa de Polaridade Feminina e Masculina (Figura 6.2).

A maioria de nós tem um polo preferido. Vamos supor que seja o feminino. Temos de reconhecer que ele tem um par interdependente, que é o masculino. Se preferimos o polo feminino, quais os dons que estão disponíveis para nós e como fazer para controlá-los? Existem muitas qualidades femininas maravilhosas listadas no quadrante superior esquerdo. Esses são os dons que começamos a exibir quando estamos nesse polo. Quando estamos aí, entretanto, tendemos a negligenciar o outro polo. Ou pior, nós julgamos, tememos e evitamos as qualidades do outro polo (masculino) nos termos listados no quadrante inferior direito. Se continuarmos a negligenciar a nossa energia masculina, há uma boa chance de acabarmos no nosso ponto cego e irmos longe demais para o lado feminino. Qualquer excesso do polo feminino cria a sua própria sombra, com as qualidades listadas no quadrante inferior esquerdo. Homens e mulheres precisam reconhecer e cultivar os valores masculinos positivos do quadrante superior direito.

• Qual é a sua polaridade preferida, a masculina ou a feminina?

- Como você pode parar de negligenciar e começar a desenvolver as qualidades positivas do outro polo?
- Quais são os seus sinais de alerta quando você cai abaixo da linha, em energia feminina ou masculina excessiva? Quais comportamentos você começa a mostrar normalmente? Anote para que possa recuperar-se a tempo. Você precisa agir rapidamente para ir na diagonal para os comportamentos positivos do polo complementar.
- Quais são alguns passos fáceis e imediatos que você pode dar ou comportamentos que está disposto e é capaz de assumir, neste caso? Anote-os.

O *insight* chave aqui é que, para ser um líder consciente, você deve ficar atento e presente para se manter "acima da linha" e flexibilizar-se com facilidade entre os dois quadrantes superiores. Caso contrário, você corre o risco de cair na liderança inconsciente e ficar preso em um círculo vicioso alternando entre os dois quadrantes inferiores – uma experiência muito comum.

A HISTÓRIA DO SAGAR MANTHAN

O mito hindu de *sagar manthan*, "a agitação do oceano", brilhantemente capta a ideia de como lidar com polaridades pode trazer o elixir para a superfície. A história se passa no oceano da consciência. Assim como batemos o leite para a manteiga subir, também devemos agitar esse oceano de consciência para trazer o *amrita* para cima, o néctar da imortalidade, o que nos tirará da nossa experiência humana limitada da doença, decadência, dor, sofrimento e morte.

No mito, os *devas* e os *asuras*, os bons e os maus, têm de trabalhar juntos para agitar o oceano. Vishnu, o Preservador e Protetor, transforma-se em uma tartaruga. Mandhara, a montanha, torna-se a vara para agitar o mar, o princípio central em torno do qual todas as polaridades se movem e repousam sobre Vishnu para não submergirem para o fundo do oceano. A grande serpente Vasuki torna-se a corda que os *devas* e *asuras* usam para agitar o oceano. Os *devas* representam o polo positivo e os *asuras* o polo negativo.

CAPÍTULO SEIS

À medida que eles mexem, muitas *ratnas* surgem do oceano de consciência, catorze joias diferentes que significam *siddhis* ou poderes psíquicos ou espirituais, e são compartilhadas igualmente entre os *devas* e *asuras*. Finalmente, um grande pote de néctar sobe para a superfície. Aqui, a luz precisa enganar o escuro, porque, no final das contas, esse é um jogo que os mocinhos têm que ganhar. O grande projeto não quer que o escuro vença; o escuro tem este papel simplesmente para trazer a luz mais à tona. Para que serve a evolução, se tudo voltar à dissolução? Nós precisamos e queremos evoluir. O truque que a luz faz é que Vishnu assume a forma de Mohini, uma bela sedutora. Todos os *asuras* ficam tão animados que a seguem, deixando o pote de néctar para trás, para os *devas* beberem e recuperarem com sua imortalidade o reino que tinham perdido (como isso aconteceu é outra história).

A essência da história é que todos nós temos aspectos positivos (o que Lincoln chama de "os melhores anjos da nossa natureza") e aspectos inferiores (nossos demônios internos). Eles estão todos dentro de nós, e eles estão nos agitando. Esse é o papel deles, porque através desse agitar é que o elixir vem à superfície, o néctar da imortalidade, a verdade que nos libertará.

Onde há uma grande luz, há também grande escuridão; onde há anjos, há demônios. Devemos saber e prestar atenção nisso. A vida é uma constante inspiração e expiração, uma ondulação entre um polo e outro. Você tem que estar presente e estar pronto para quando chegar a vez do outro polo. Quando a agitação começa, tudo o que está no oceano (nosso inconsciente) vem à tona. Este é um aviso importante: quando mexemos na nossa psique ou ligamos essas polaridades interiores, temos que fazê-lo com discernimento e orientação adequada para que o que surgir não nos desorganize.

ARQUÉTIPOS ENCONTRADOS NA NOSSA JORNADA

Tendo descrito o padrão universal da jornada heroica de liderança, vamos introduzir outro fator-chave do trabalho da viagem: o elenco de personagens que se encontra no caminho. Estes são arquétipos; eles são agentes da nossa individuação e nos despertam para a conclusão de que "ninguém é nosso inimigo, ninguém é nosso aliado; todos são igualmente nossos professores".[4] Navegar a dinâmica que cada um desencadeia em nós e extrair os ensinamentos e os presentes que eles estão aqui para dar exige grande flexibilidade e agilidade.

Os personagens de nossa jornada são reflexos do "eu em quatro partes" que descrevemos no Capítulo 5: *eros, thanatos, logos, mythos*. Estes são os principais impulsos, anseios e vozes no inconsciente que estão em conflito polarizado dentro de nós e agitam nossa mente e nosso corpo. Navegar nesses poderes arquetípicos é extremamente desafiador e um verdadeiro teste de nossa capacidade de sobreviver e prosperar. Emergir disso destila nossa resistência amadurecida psicológica e física, resultando em envelhecer como humanos e líderes maduros e que guiam a si mesmos, incorporando nosso Shakti singular, despertado.

Deparamo-nos com milhares de pessoas em nossas vidas. Mas de acordo com a estrutura da jornada do herói, elas realmente se resumem a um punhado de personagens arquetípicos. Como na maioria dos filmes sobre as vidas humanas, há um herói, uma heroína, um vilão e um ajudante. Se você fosse um roteirista, teria um grupo comum de personagens. Esses personagens existem em todas as nossas vidas, mas a maioria de nós simplesmente não os vê dessa forma. Eles são chamados de arquétipos porque simplesmente são as personalidades através das quais um padrão atemporal se manifesta. Não é realmente sobre quem eles são; cada um deles desempenha certo papel em nossas vidas. Trata-se de algo maior do que eles, um padrão universal de comportamento que é absorvido através deles por você.

Personagens principais

O mentor e o inimigo são personagens principais na jornada. O mentor carrega seu eu-superior para você, o que poderíamos chamar também de seu eu divino ou seu eu alma. Você está destinado a amadurecer e crescer em um ser poderoso; o mentor representa esse ser. Ele se mostra como um modelo para guiá-lo.

Assim como o mentor carrega o seu aspecto eu-superior, o inimigo carrega sua sombra: todas as partes que você reprimiu, anulou e negou. Essas também podem ser partes não desenvolvidas de si mesmo. Elas permanecem pouco desenvolvidas e, portanto,

CAPÍTULO SEIS

quase infantis, e você as reconhece no comportamento de alguém que aparece em sua vida. Essa é a maneira que a vida se espelha para você, mostrando onde está o seu trabalho inacabado. É uma parte de você que precisa ser recuperada de alguma forma, de que precisa para tornar-se inteiro, para curar-se. Pode ser um medo que você precisa enfrentar. Assim, mesmo caras aparentemente maus desempenham papéis essenciais no desenvolvimento do seu potencial.

Nós evoluímos e nos tornamos mais o que somos quando começamos a reconhecer que todos esses personagens são aspectos de nós mesmos. Então podemos começar a recuperar aquelas partes de nós, aquelas energias dentro de nós. Começamos a nos tornar mais inteiros, trazendo para nossa consciência e percepção tudo o que estava em nosso eu não desenvolvido, inconsciente ou subconsciente. De repente, temos mais energias disponíveis para brincar; ficamos mais flexíveis, ágeis, fluidos e capazes de nos mostrar em diferentes papéis e de maneiras distintas, mesmo quando nos tornamos mais inteiros. É assim que nós crescemos.

Pessoas que aparecem em nossas vidas muitas vezes disparam algo em nós e pisam nos nossos calos. Elas estão aqui para o nosso despertar e crescimento. Quando somos desafiados por essas pessoas, devemos dizer:

- O que eu preciso aprender com essa experiência?
- O que, no comportamento dessa pessoa, me provoca? De que maneira eu sou, talvez, também assim?
- Isso é algo que eu preciso reconhecer, em vez de negar? Melhor ainda, há algo nessa qualidade que eu neguei que pode ser algo de que eu preciso?
- Como isso se relaciona com quem eu sou? Que parte de mim está sendo refletida nessa situação?
- O que eu preciso recuperar sobre mim que vai me fazer um pouco mais inteiro?

Se você permanecer presente com o seu desconforto e sua negação por tempo suficiente, acabará descobrindo o dom que há neles. Você pode perceber que precisa criar limites mais saudáveis

Cultivando a flexibilidade

e ganhar um poder que o torne mais assertivo. Ou pode começar a abrir o seu coração e sentir mais empatia em relação a si mesmo e aos outros.

Você cresce, dando significado a todos os arquétipos que aparecem em sua vida, em vez de ficar como vítima e sentir pena de si mesmo. Você vai entender que cada pessoa desempenhou um papel vital e necessário para o seu crescimento.

Uma coisa é reconhecer que seu mentor é um reflexo do seu eu-superior, mas reconhecer que os seus adversários também têm algo a ensinar a você pode ser um desafio. Você precisa, eventualmente, assumir algumas das qualidades que você julga duramente no vilão. Mas, para fazer isso, terá que encontrar a bondade na chamada maldade. Você tem que reconhecer que a qualidade não é, em si, ruim; ela só está aparecendo de uma forma distorcida. Quando consegue achar aquela qualidade, a bondade, a pepita de ouro naquela escuridão, e pode manifestá-la no seu próprio comportamento, personalidade e ser, você se torna mais do que pode ser.

Energias complementares e projeção

Quando as coisas acontecem em nossa vida, rapidamente as classificamos como boas ou más, com base em como nos parecem naquele momento. Assim como existe bondade no que rotulamos como ruim, há também alguma maldade no que consideramos bom. Os nossos juízos de valor e preferências tendem a escolher um lado e considerá-lo bom e julgar e negar o outro como ruim. No minuto em que escolhe um lado, você cria a sua sombra. Depois de criar a sombra, é apenas uma questão de tempo antes que ela apareça em sua vida como um fator limitante, um impedimento para o seu crescimento.

Em suma, o que negamos em nós projetamos no outro e julgamos como ruim. Por exemplo, se você é um viciado em trabalho, que parte de si mesmo, qual energia complementar você negou? É provavelmente a parte de você que gostaria de sair às 18h e fazer algumas das outras coisas que gosta e valoriza. Esse eu foi negado por você. Como ele aparece na sua vida? Como um colega que você julga severamente, que vai para casa às 17h30 todos os dias.

CAPÍTULO SEIS

Por você ter negado tanto isso em si mesmo, há uma carga negativa ligada a essa parte. Há uma enorme carga positiva ligada à sua "boa parte" viciada em trabalho, uma linda auréola ao redor de sua cabeça. Mas a outra parte de você se parece com um colega com chifres, e então você se distancia dessa pessoa. A energia arquetípica desse aspecto complementar seu mostra-se através do comportamento dessa pessoa. Em vez de ver a energia como um espelho, você a rejeita.

É surpreendente a frequência com que isso ocorre e quanto impacta nossas relações. A maioria dos conflitos que temos com os outros pode ser rastreada até uma parte de nós que não reconhecemos completamente. Isso é então projetado em outras pessoas e mostra-se no comportamento delas em relação a você. A vida está lhe dando um espelho, lhe pedindo para olhar para algo e assumir responsabilidade sobre isso. Quando você percebe isso e para um momento para dizer: "Eu vou fazer algo sobre isso em vez de ser uma vítima dessa situação", a energia que estava polarizada é descarregada. O que acontece quando você descarrega essa energia para a neutralidade? Você não pode mudar ninguém, mas no minuto em que muda a si mesmo, tudo ao seu redor começa a mudar. Uma vez que você retira a sua projeção daquela pessoa, recuperando sua própria energia negada (que eles estavam carregando para você), a outra pessoa agora mostra-se como a pessoa que ela realmente era o tempo todo!

O chamado "vilão" pode ser o seu maior mestre, mas é uma lição difícil de aprender e pode levar bastante tempo. Seja gentil com você mesmo e não se julgue severamente se não tiver sido capaz de perdoar. Em vez disso, cave fundo e encontre a resistência para ficar no processo. Perceba que "um dia eu vou amar, aceitar, perdoar e realmente seguir em frente, e terei crescido com isso". De fato, chegará uma hora em que você terá aprendido tanto com o seu "vilão" que a gratidão, e não apenas o perdão ou a aceitação, fluirá de você em direção a ele.

Personagens secundários

Junto com os personagens principais, nos deparamos com um número de participantes menores durante nossa jornada.

O MENSAGEIRO

Esta pode ser uma pessoa em sua vida que você conhece há um longo tempo, mas um dia ela mostra alguma coisa para você, algo que poderia não significar nada para outra pessoa, só outra parte trivial do script. Mas há uma mensagem que soa familiar no que ela tem a dizer. Você está recebendo um pequeno aviso: é hora de sair da complacência e conforto da vida normal. As mudanças são iminentes; as coisas vão começar a acontecer. Sua alma está pronta para a jornada.

Quando o mensageiro se mostra na sua vida, ele pode ser como um sonho ou uma visão. Na verdade, mensageiros muitas vezes aparecem para as pessoas em seus sonhos. Isso também pode acontecer quando você está assistindo a um filme, ou quando está parado em um semáforo, vira e vê um outdoor enorme no meio do nada que te fala fortemente. Tudo sai do foco e essa mensagem parece ser só para você. Estes são momentos do mensageiro. Você tem que prestar atenção neles e reconhecê-los, pois é muito fácil ignorá-los e perder a oportunidade que eles lhe trazem.

GUARDIÕES DE LIMITES, TESTADORES E ENGANADORES

Em muitas tradições, como o budismo tibetano, máscaras ou estátuas de deidades coléricas ou malévolas são colocadas na entrada das casas e templos como porteiros. Esses guardiões dos limites das casas estão lá para repelir e assustar os simuladores. Somente o verdadeiro herói tem a coragem de entrar no mundo especial. O guardião quer ter certeza de que você é digno de entrar.

O papel do guardião é testá-lo, para perguntar: "Você é inteligente o suficiente? Você tem o que é preciso para ir até o fim?". Às vezes, ele pode realmente desempenhar um papel mais sutil; ele pode ser alguém que faz você pensar que está indo para um lugar, mas na verdade o engana e o leva para outra experiência. Gollum, em *O Senhor dos Anéis*, é como um testador, porque você nunca sabe se ele é um cara bom ou ruim. Ele é amigo ou inimigo? Você deve ou não segui-lo?

Esses guardiões o confundem e testam a sua determinação de ir até o fim. No épico indiano Ramayana, Surpanakha (a irmã do rei demônio Ravana) é uma testadora; ela se disfarça e pede Ram

CAPÍTULO SEIS

em casamento. Ele diz: "Eu já estou casado, vá para meu irmão Lakshmana". Ela vai, mas Lakshmana tem discernimento e não se deixa enganar. Em sua jornada heroica, ele passou no teste, provando o seu valor como um herói.

O arquétipo "bobo" é uma outra versão do enganador como professor. Ele reflete a inocência do herói e nosso eu-criança interna e lembra-nos de perdoar nossa estupidez, abraçar a nossa vergonha, iluminar-nos e não nos levarmos tão a sério. Esse arquétipo proporciona um alívio cômico no roteiro da vida que é tão sério. É por isso que o caminho Sufi engaja e cultiva esse eu-bobo, vendo-o como um caminho importante para o autocontrole.

O MUTANTE

Um mutante pode ser a sua *anima* ou *animus*. Para uma mulher, apareceria um homem. Ele pode parecer um amante, mas revela-se um vilão. Ela não sabe se ele é alguém que ela deve amar ou odiar; ele parece mudar de forma. É um encontro com alguém que parece ser um "homem luz", que muda a persona e se torna um "homem da escuridão". Ele está espelhando o processo interno da mulher de integrar seu *animus* positivo com seu *animus* sombra. Esta pode ser uma fase difícil e inquietante na jornada à maturação.

A DEUSA E A SEDUTORA

Há, na jornada do herói, e às vezes na jornada da heroína, a deusa ou a sedutora. O aspecto positivo é a deusa, que é como uma grande mãe. Na tradição da ioga, é a energia Kali: ela parece que está destruindo coisas, mas em seu fogo você pode renascer. Você sente como se tivesse voltado ao útero.

Às vezes o herói pode encontrar uma mulher sedutora, que pede a ele que renuncie à sua viagem e fique com ela. Muitos anos podem passar e o herói pode esquecer completamente por que ele começou a viagem. No Mahabharata, Arjuna fica por anos em um mundo subaquático sedutor com Uloopi, a princesa Naga. Nas tradições espirituais mais masculinas, a mensagem é que, quando você está no seu caminho para a sua iluminação, não deve cair na emboscada das mulheres que são descritas como distrações, as ninfas e apsaras. Você vai encontrar muitos desses contos espalhados nos épicos heroicos. Embora isso possa ser interpretado como repúdio às mulheres, a maioria das tradições espirituais desencoraja envolvimentos românticos no caminho para o despertar. Mas uma vez que o objetivo é alcançado, tendo sublimado a natureza inferior da libido e amadurecido na plenitude, a viagem de volta permite e incentiva entrar em parcerias iluminadas.

Trocando de papéis

Forças arquetípicas são realmente parte do seu próprio inconsciente pessoal, e quanto mais você conseguir se apropriar do seu inconsciente, mais consciente consegue ser e mais iluminado se torna. Você poderia cumprir qualquer uma dessas funções para os outros. O papel desempenhado por um mentor pode mudar; você poder entrar em um relacionamento de codependência com o seu mentor ou em um jogo de poder. O mentor começa a sentir a grandeza e o poder dele sobre você. Quando você entrar no seu próprio poder e disser: "Eu não vou mais te dar esse poder", torna-se a sombra do seu mentor; ele pode ficar bravo com você, porque você tomou o seu poder de volta. Os indivíduos que desempenham esse papel para você podem não permanecer para sempre assim. Eles podem mudar de acordo com a viagem ou o estágio da jornada em que se encontra. Uma vez que você complete uma jornada e comece uma nova, os mesmos indivíduos podem preencher papéis diferentes. Alguns podem desempenhar dois papéis diferentes na sua vida, simultaneamente.

Ficar flexível e ser capaz de dançar e fluir com essas forças interiores e exteriores é uma capacidade crítica da Liderança Shakti.

Arquétipos simplificados

Tudo isso é ótimo para escrever um script, mas qual é a relevância para nossas vidas? Se você simplifica esses arquétipos, percebe que eles se dividem em duas categorias: aqueles que são os seus facilitadores e aqueles que te incapacitam.

Você só descobre isso depois de ter concluído a jornada, porque enquanto você está nela, o vilão é a pior pessoa na vida. Mas uma vez que tenha terminado e aprendido as suas lições, e emergido com seu elixir, você percebe (como dissemos antes) que nin-

CAPÍTULO SEIS

guém é seu inimigo e ninguém é seu amigo; todos são igualmente seus professores. Se eles estão fazendo o papel de facilitadores, que é uma polaridade, ou de quem te incapacita, que é outra polaridade, eles estão ajudando a criar o campo de energia necessário para você atravessar e encontrar o seu poder.

Entender isso é uma coisa. Viver isso, atravessar as polaridades e desbloquear a energia: essa é a verdadeira jornada.

O TRIÂNGULO DO DRAMA

A maioria de nós certamente poderia fazer um pouco menos de drama em nossas vidas! Muitas vezes nos sentimos maltratados e vamos correndo para alguém pedindo ajuda, nos sentindo como vítimas indefesas da situação.

Como é que criamos drama? É quase sempre por causa de outra pessoa que aparece na vida. Sozinho, você pode estar perfeitamente bem e em paz. Mas no minuto em que um cônjuge, pai, filha ou filho entra em seu campo energético e começa a se engajar com você, os dois campos de energia se cruzam. Essa intersecção resulta no que a física chama de interferência, vivida por nós como uma dissonância em nossas vidas. A quebra diária de equilíbrio nos sistemas humanos, no trabalho ou em casa é inevitável. Dependendo do nosso tipo de personalidade e orientação, podemos experimentar de outra forma. Mas isso vai acontecer, é um fato. O que pode mudar é o nome e o significado que atribuímos a ele.

Isso tudo se organiza muito bem em uma estrutura chamada o triângulo do drama, criado por Stephen Karpman.[5] O triângulo capta muito bem as dinâmicas humanas e como entramos em codependência com outras pessoas em nossas vidas (Figura 6.3).

Alguma coisa difícil acontece em sua vida. Você está sendo desafiado e está se sentindo como uma vítima. Quando entrar nesse modo de vítima, você automaticamente irá atrair a energia oposta. Você começa a projetar a sua vitimização em alguém: "Eu sou uma vítima agora por causa dessa pessoa; ela me fez mal". Quando você é pego nessa polaridade perseguidor/vítima, vai atrair um salvador para a sua vida. Os "salvadores" têm uma necessidade inata de aparecer e ajudar. Eles querem sentir-se necessários e fazer o bem.

Pessoas que se tornam coaches e médicos muitas vezes têm essas profissões porque se encaixam no arquétipo do salvador.

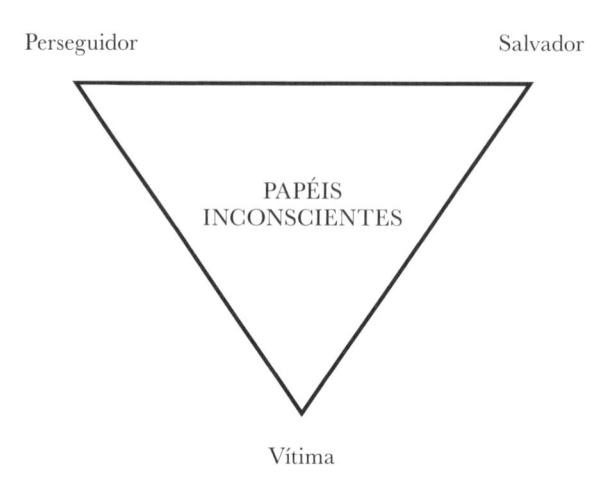

FIGURA 6.3 – TRIÂNGULO DO DRAMA

Perseguidor · Salvador

PAPÉIS INCONSCIENTES

Vítima

Por um tempo, o salvador dá um monte de energia e a vítima a absorve feliz, mas passivamente. A vítima se sente bem porque está recebendo o apoio de que precisa, e o socorrista se sente fabuloso porque ele é necessário. Então, inevitavelmente, todas as energias polarizadas se invertem. O salvador começa a se sentir esgotado, pensando: "Não importa quanto eu dou, nunca é o suficiente.". O salvador tornou-se uma vítima, e a vítima é agora vista como uma perseguidora. Muitas vezes isso ocorre quando o perseguidor original começa a aparecer como um salvador! O ex-salvador começa a entender por que o perseguidor pode ter se comportado assim. Um tipo de vínculo estranho se desenvolve entre eles.

Esse drama existe em sua vida e em todos os seus relacionamentos quando você está preso em codependência com os outros. Você está preso nessa dancinha do desespero, esgotando sua energia em uma espiral descendente. Isso é o que acontece quando esta-

CAPÍTULO SEIS

mos atuando inconscientemente. Como no jogo das cadeiras, todo mundo muda para uma cadeira diferente, mas o drama continua. Como podemos viver de forma diferente? Temos que acordar um dia e perceber que é bobagem continuar esse jogo. Há uma maneira melhor, sem todo o drama.

FIGURA 6.4 – DO DRAMA AO *DHARMA*

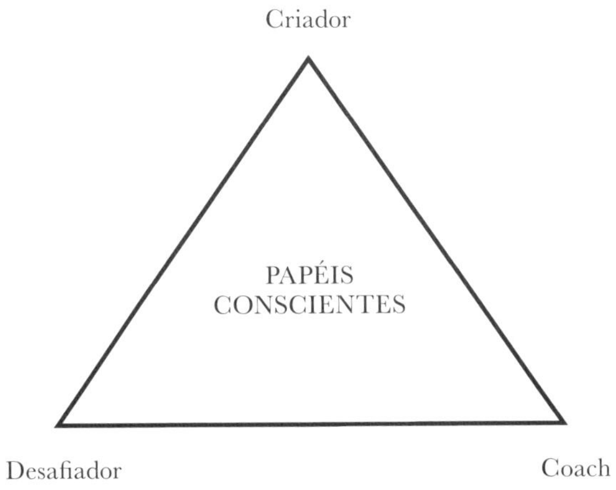

Criador

PAPÉIS CONSCIENTES

Desafiador   Coach

Derivado do livro Power of TED, *por David Emerald, usado com permissão. www.powerofTED.com; www.consciousleadershipforum.com e www.hendricks.com*

DO DRAMA AO *DHARMA*

Tenha esperança! Você não está em alguma dança de morte sem fim com essa outra pessoa. Só é necessário uma pessoa para mudar a situação, e essa pessoa é você. Aprendemos com o trabalho de Gay e Katie Hendricks que podemos passar de drama a *dharma* apenas girando o triângulo (Figura 6.4). Quando você começa a trazer esses papéis para o consciente, começa a vê-los com mais percepção. A primeira coisa a fazer é deixar de ser vítima e assumir o papel de criador, reestruturando a coisa toda. Coloque-se em um papel de criador e pergunte-se como você pode jogar com essa dinâmica. Veja o perseguidor como um desafiante, e procure ajuda de um coach se precisar. Pergunte como essas duas pessoas podem ensiná-lo e servi-lo: o que você pode aprender com elas?

Pensar em si mesmo como uma vítima das circunstâncias vem de um lugar de impotência. Passe para o papel de criador. Se você tivesse que assumir a responsabilidade por sua experiência e como ela está sendo para você, o que faria? Se o contexto não é bom para você, mude-o; não aceite o inaceitável. Assuma a responsabilidade pela situação e por sua experiência com ela.

Quando você é o criador, coloca o perseguidor no papel de desafiante. Pense nisso: se você treinar com alguém mais forte do que você, ou se correr com um marcador de cadência, eles vão revelar o seu potencial e ajudá-lo a alcançar seu objetivo. Eles fazem você reconsiderar o que achava que era o seu limite.

Muitas vezes falamos aos outros para mudarem, mas isso raramente funciona. O que funciona é você mudar internamente, mudar a sua energia. Comece a carregar seu poder e seu peso sobre seus próprios pés, sem se apoiar em alguém ou se sobrecarregar. No minuto em que você fizer isso, a energia da outra pessoa tem que mudar. Eles não podem mais jogar o mesmo jogo, porque "quando um não quer, dois não brigam". Alguém é um agressor só se você estiver disposto a ser uma vítima. No minuto em que você muda para a energia criadora, na qual você está presente, centrado e carregando seu próprio peso, você muda a energia da outra pessoa.

Da mesma forma, você pode reformular seu relacionamento com alguém que está tentando salvá-lo, segurando o seu poder como criador e vendo-o como seu coach. Você deve correr a sua própria corrida, mas pode tirar vantagem do apoio deles para melhorar seu jogo. Use a energia do desafiador para tirá-lo da sua zona de conforto e use a energia do coach para se colocar em um lugar melhor. Os dois papéis podem trabalhar em conjunto para impulsionar o seu crescimento de forma saudável.

A grande mudança é sair da codependência para a interdependência ou, melhor ainda, "interindependência". Quando você sair do papel de vítima para se tornar um criador, você pode se tornar seu próprio salvador. De forma consciente, você pode ser seu próprio coach, bem como seu desafiante.

CAPÍTULO SEIS

AVALIANDO SEU ESTILO DE LIDERANÇA
É muito importante compreender o seu arquétipo dominante de energia. Alguns de nós são mais masculinos em nossa liderança, outros, mais femininos. Não há problema em ter uma preferência, mas é importante reconhecer qual é o seu polo dominante e qual é o seu polo complementar.[6]

> **LÍDERES SHAKTI FALAM: SOBRE OS LÍDERES DA TERRA E LÍDERES DINÂMICOS**
>
> Sally Kempton diz:
>
> *Alguns líderes são líderes da terra. Eles mantêm o espaço e criam um terreno no qual as pessoas podem ser criativas. Alguns líderes são dinâmicos, e nisso eles são como Steve Jobs, apenas Shaktis infinitamente criativos. Em um nível básico, a liderança é sobre descobrir se você é um líder da terra ou um líder dinâmico. O casamento interior é a capacidade de acessar tanto seu estado estático quanto seu estado dinâmico. Minha imagem de Shakti é o leopardo que está completamente imóvel, o caçador que é totalmente imóvel, mas completamente presente até que libera seu poder guardado no momento apropriado. Essa é a imagem do Shiva/Shakti. A paciência absoluta estática, que não é passiva. É poder à espera do seu momento de agir. Em um estado de Presença, você tem ambas as polaridades. Você sabe qual usar conforme a necessidade. O que no começo pode ser um ato consciente, ao longo do tempo pode se tornar inconsciente. Você não precisa nem saber. Você o faz naturalmente.*[7]

No que você foca para terminar o trabalho? Como você exerce influência? Como você consegue que os outros façam o que é importante? O que te energiza ou te impulsiona quando trabalha com outros? Como você resolve divergências ou disputas? Para cada uma dessas áreas, existem várias polaridades, como hierarquia (considerada masculina) *versus* rede de relacionamentos (considerada feminina), ou nível e status *versus* relacionamentos (Figura 6.5). Preencha a pontuação adequada em cada linha, com o que corresponde a você para ter uma noção de qual é seu estilo (com -1 ou +1 sendo menos, e -3 ou +3 sendo o mais feminino ou masculino, respectivamente). Às vezes você pode ser ambos igualmente, o que quer dizer que você coloca um '0' no espaço em branco do meio. Não há maneira certa ou errada; é só para se tornar consciente.

FIGURA 6.5 – AVALIAÇÃO DE ESTILOS DE LIDERANÇA FEMININO / MASCULINO

MASCULINO ◄─────► FEMININO

1. ESTRUTURA
(Como você estrutura sua equipe/trabalho)

Masculino		Feminino
Hierarquia	─ ─ ─ ─ ─ ─ ─	Rede
Importância de nível e status	─ ─ ─ ─ ─ ─ ─	Importância de relacionamento
Papéis claros/separados	─ ─ ─ ─ ─ ─ ─	Papéis sobrepostos
Informação e poder hierárquicos	─ ─ ─ ─ ─ ─ ─	Informação e poder compartilhados

2. ORIENTAÇÃO
(No que você foca para fazer o trabalho)

Objetivo/resultado	─ ─ ─ ─ ─ ─ ─	Processo
Tira da frente ideias que distraem	─ ─ ─ ─ ─ ─ ─	Junta diversas contribuições, leva em consideração questões relacionadas

3. INFLUÊNCIA
(Como você consegue que os outros façam o que é importante para você)

Comando	─ ─ ─ ─ ─ ─ ─	Persuasão
Dar ordens/dizer	─ ─ ─ ─ ─ ─ ─	Solicitar/pedir
Direto/claro	─ ─ ─ ─ ─ ─ ─	Indireto/educado
Apela para a lógica/prova	─ ─ ─ ─ ─ ─ ─	Apela para a emoção/inspira

4. MOTIVAÇÃO
(O que te anima ou motiva quando você está trabalhando com outras pessoas)

Competição	─ ─ ─ ─ ─ ─ ─	Colaboração
O trabalho é um jogo a ser ganho	─ ─ ─ ─ ─ ─ ─	Oportunidade para cocriar/pertencer

CAPÍTULO SEIS

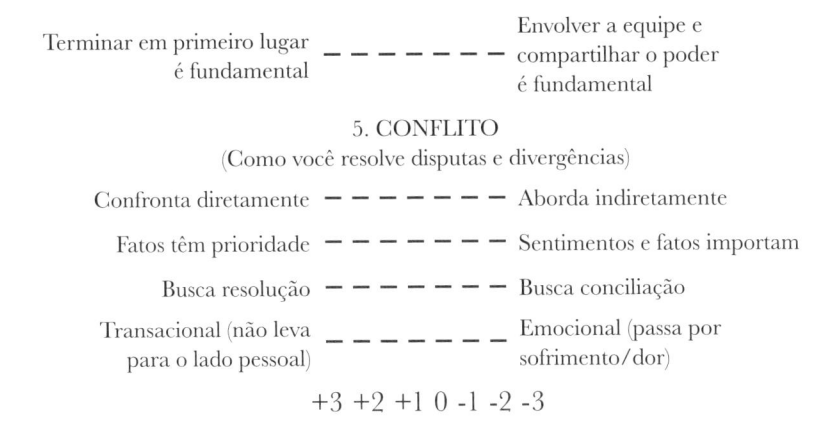

| Terminar em primeiro lugar é fundamental | — — — — — — — | Envolver a equipe e compartilhar o poder é fundamental |

5. CONFLITO
(Como você resolve disputas e divergências)

Confronta diretamente	— — — — — — —	Aborda indiretamente
Fatos têm prioridade	— — — — — — —	Sentimentos e fatos importam
Busca resolução	— — — — — — —	Busca conciliação
Transacional (não leva para o lado pessoal)	— — — — — —	Emocional (passa por sofrimento/dor)

+3 +2 +1 0 -1 -2 -3

Some os seus pontos + Masculinos e os seus – Femininos. Dependendo de qual é mais alto, você está liderando a partir daquela energia

Pense em algum dilema pelo qual você está passando
1. Ele faz parte de qual dos 5 domínios acima?
2. Que estilo ou energia (M/F) você precisa aumentar ou diminuir?

Adaptado de Caroline Turner, A Balance of Both Masculine and Feminine Strengths: The Bottom-Line Benefit, Forbes, 7 maio 2012. Disponível em: <https://www.forbes.com/sites/womensmedia/2012/05/07/a--balance-of-both-masculine-and-feminine-strengths-the-bottom-line-benefit/#916389479e73.[9]

Se você marcou -3 ou +3 em qualquer frente, pergunte-se se há situações em que isso pode não servir ao seu propósito. A conclusão deste exercício é que não há problema em ter um arquétipo dominante, que pode ser masculino ou feminino, mas você tem que saber isso para chamar a energia complementar quando necessário.

A ex-executiva corporativa Betty Ann Heggie usa uma simples metáfora para explicar como equilibrar nossa energia masculina e feminina em qualquer situação, de acordo com o que a situação pede. Pense nas águas quente e fria de uma torneira. Ela diz: "Quando você sentir a água ficar muito quente, reduza a temperatura abrindo a torneira de água fria. Quando esfriar demais, vire a quente de volta e reduza o frio até encontrar a temperatura ideal".[8]

Preste especial atenção a isso quando você se encontrar em um momento de liderança ou dilema e se sentir emperrado. Você está emperrado porque o que está fazendo não está funcionando. Esse é o momento em que você precisa saber o que tirar do outro polo.

Você sempre pode usá-lo, abandoná-lo quando terminar e voltar a estar em seu lugar ancorado.

Toda a ideia de flexibilidade é que você deve estar ancorado em si mesmo, mas também saber como flexionar em direção a alguma outra coisa. Flexione, mas não quebre. Curve-se em sua direção e, em seguida, volte quando não precisar mais dela.

Lembre-se que o ideal para almejar é o *ardhanarishwar*, a linda descrição do metade-homem metade-mulher na tradição iogue: ter o gênero transcendido e suas qualidades superficiais. Aprenda a manter ambos e jogar para um ou para o outro, conforme necessário.

Avivah Wittenberg-Cox é uma consultora que ajuda a construir negócios equilibrados em relação ao gênero. Ela defende que as empresas e seus funcionários aprendem a ser "bilíngues de gênero" – falar a língua do feminino, bem como a língua do masculino.[10] Fale a língua do país onde se encontra, sem deixar de pertencer ao seu próprio país.

Cultivando traços positivos masculinos e femininos

Uma vez que entendemos que escolher só a nossa natureza masculina ou feminina é tão insustentável quanto escolher apenas inalar ou exalar, a próxima pergunta é: como é que vamos cultivar nossas qualidades complementares necessárias?

Há uma resposta simples: da mesma forma como aprendemos qualquer habilidade.

- Nós identificamos o que queremos cultivar. Vamos escolher a qualidade da gentileza.
- Vamos assumir que essa é uma qualidade que você realmente quer aprender. Adote-a como a sua prática de liderança ou *sadhana* para a semana. Escreva-a em um grande lembrete nos seus lugares favoritos: "Gentileza".
- Comece a prestar atenção nessa qualidade e aplique-a intencionalmente em seus momentos de liderança e relacionamentos, por cerca de uma semana. Note o resultado.
- Identifique algumas pessoas que são modelos que exemplificam essa qualidade e estude como elas fazem isso.

CAPÍTULO SEIS

- Assista a vídeos do YouTube ou inscreva-se em cursos de habilidades de vida que ensinem isso. Por exemplo, uma meditação budista simples de 5 a 10 minutos chamada prática *metta* o levará a incorporar bondade ou gentileza. Nós a compartilhamos com você como parte do diálogo com o seu eu-superior no Capítulo 7.
- Experimente-a. Pratique-a implacavelmente. Se necessário, comece com situações de baixo risco. Do mesmo jeito que andar de bicicleta, pode ser difícil no início. Mas ao comprometer-se com a prática, você vai ver que saiu da incompetência inconsciente para a incompetência consciente, então para a competência consciente e, finalmente, para a competência inconsciente que vem naturalmente.[11]
- Uma vez que você já tenha dominado a qualidade satisfatoriamente, pegue a próxima qualidade que você deseja desenvolver.

Todas essas qualidades estão potencialmente dentro de você. Você tem que ter o coração heroico para fazer o esforço e encontrar o professor – se necessário, fingir até que você consiga fazê-lo. Sua causa é digna, então não se preocupe se cair e falhar algumas vezes.

Se falhar é um medo, então a próxima qualidade que você pode querer aprender é a vulnerabilidade.

Nosso conselho pode parecer simples, mas vem de algumas das grandes tradições de sabedoria do mundo. Por exemplo, pede-se aos monges em treinamento budista que escolham uma emoção superior, como compaixão, bondade, empatia ou equanimidade, como sua prática diária e seus professores os testam. Assim como ir a uma academia de ginástica é uma maneira eficaz para fortalecer nossos bíceps, essa rotina é eficaz na construção de nossos traços masculinos/femininos.

PRÁTICAS PARA INTEGRAR O MASCULINO E O FEMININO

Michael Gelb recomenda as seguintes práticas para ajudar a integrar as nossas naturezas masculina e feminina:

- Cultive paciência e a receptividade e ouça com empatia.
- Seja ousado e assertivo quando necessário.
- Aprenda a mover-se livremente entre paciência e receptividade a uma ação corajosa e vice-versa.
- Equilibre imaginação e lógica, intuição e análise. Use seu cérebro inteiro.
- Cultive a "capacidade de agir com compaixão e sabedoria, mantendo a paz interior e exterior, independentemente das circunstâncias".[12]
- Transforme o estresse com a Resposta de Amor – ensine-se a mudar de um estado de medo para um estado de amor.[13]
- Esteja ciente de sua ansiedade e não tenha medo de sentir profundamente seus sentimentos (essa pode ser a coisa mais importante).
- Adote uma prática diária para facilitar a integração das energias masculinas e femininas. Pratique *pranayama* (que regula a respiração através de várias técnicas), Tai Chi ou alguma outra prática diária para ajudar a mudar o seu sistema nervoso, para ficar mais alinhado e em sintonia com essa nova integração.

Líderes conscientes são flexíveis. Eles sabem como obter Shakti de todas as diferentes forças disponíveis e usar cada uma conforme necessário; eles não se fixam em qualquer forma específica de ser ou fazer as coisas. Eles se adaptam, desaprendem e aprendem com agilidade, alavancando todas as polaridades com a Presença, libertando-se de todos os OUs e encontrando o melhor de todos os Es.

No capítulo seguinte, veremos uma terceira capacidade importante da Liderança Shakti: alcançar a congruência.

CAPÍTULO SETE

Alcançando a congruência

A terceira capacidade de liderança consciente que vem da Presença e do poder verdadeiro é a congruência. À medida que percorremos o caminho da vida, inquietações existenciais podem permear nossa mente, deixando-nos com um sentimento de propósito frágil e perguntas sem respostas, como "Quem sou eu? De onde eu vim? Para onde vou? Como vou chegar lá?".

Este capítulo vai desvendar os dizeres EU SOU – EU POSSO – EU VOU: um mantra que vai ajudar cada líder a conhecer sua história e descobrir o seu mito pessoal. Ele irá ajudá-lo a pressentir o seu *swadharma* – um compromisso para si e para os seus objetivos de manifestar plenamente o Shakti em serviços altruístas e no cumprimento de seus propósitos mais elevados.

Um líder consciente é congruente

Nós definimos congruência como a capacidade de ser centrado, autêntico e alinhado com a própria finalidade, tanto internamente (como se sente) quanto externamente (como se age). Lembre-se de que chegar à totalidade era sobre "entrar" para reunir todas as partes fragmentadas de si mesmo. A capacidade seguinte, a flexibilidade, era sobre "agir" como um líder proativo e envolver-se com a vida em vez de apenas reagir a ela. Congruência é sobre "sair", aventurar-se no mundo para estar a serviço de uma forma que é exclusivamente sua. Líderes conscientes sabem qual é o propósito deles, sabem a história deles, sabem de onde vieram e para onde estão indo. Eles estão vivendo sua vocação pessoal única – *swadharma*.

Dharma significa ação justa. *Swadharma* significa ações corretas que são únicas para cada indivíduo, de acordo com sua própria natureza inata, seu *swabhav*. *Swadharma* é aquele lugar gostoso onde o nosso trabalho e amor se encontram de uma maneira completamente satisfatória, nos libertando ao mesmo tempo que nos preenche. Duas pessoas não podem ter a mesma *swadharma*; você não pode viver a *swadharma* de outra pessoa. Seu *swabhav* (natureza inata) molda a sua *swadharma*. A textura e a natureza do seu *swabhav* determinam a direção de onde você vai fluir. Você deve ser congruente internamente de acordo com o seu *swabhav*, em vez de inutilmente esforçar-se para ser um parafuso quadrado em um buraco redondo. E você deve ser congruente externamente em relação à sua *swadharma*.

Líderes Shakti são audaciosamente ambiciosos, mas não para si mesmos. "Não se trata de construir empresas maiores, mas a respeito de servir algo maior", diz John Gerzema, coautor de *The Athena Doctrine* (A Doutrina de Atena). "Há tanto cinismo que as pessoas estão sem ganhos de curto prazo. Liderança hoje em dia diz respeito a levar as pessoas para um futuro melhor. Isso é uma longa viagem."[1]

Casey Sheahan, ex-CEO da Patagonia, é um líder que está profundamente alinhado com seu propósito maior. Mas esse propósito não é egocêntrico. Como ele diz: "Dirigir um negócio com um propósito mais elevado, como o Whole Foods ou a Patagonia, acessa energia criativa, consciência criativa. Dirigir um negócio dessa forma geralmente lhe dá muito sucesso, mas não é a sua verdadeira razão de ser; o motivo é elevar a humanidade, para ser capaz de viver uma vida melhor e mais feliz".[2]

LÍDERES SHAKTI FALAM: SOBRE A AMBIÇÃO

Gerry Laybourne, cofundador, ex-presidente e CEO da Oxygen Media, recorda:

CAPÍTULO SETE

Lembro-me de um caso em que uma pessoa que trabalhava diretamente para mim veio falar comigo e disse: "Você quer ser vice-presidente?". Minha resposta foi: "Eu não me importo com isso. Eu quero fazer alguma coisa importante para as crianças. É nisso que eu estou focado". Ela disse: "Se você tem tão pouca ambição, eu vou arranjar outro emprego". Eu disse: "Você devia fazer isso". Eu tenho muita ambição, mas não é uma ambição egoísta. É uma ambição para realmente mudar alguma coisa. Isso era simplesmente impensável para ela.[3]

Propósito ↔ Swadharma ↔ Prazer!

Um insight profundo da sabedoria iogue é que viver o seu propósito, a sua *swadharma*, é também a fonte de sua *ananda*, o seu mais profundo prazer ou felicidade. O seu propósito não é alguma coisa maçante, onerosa ou assustadora que você tem que fazer; não é simplesmente um dever. É, na verdade, o seu maior prazer. Quando você descobre o seu *dharma*, encontra o caminho para a sua felicidade. Você pode vivê-lo dia após dia e ele vai energizá-lo continuamente, em vez de esgotá-lo.

O trabalho tradicional, algo que é "apenas um trabalho", esgota-o, porque você está usando a sua cota limitada de energia. Mas quando você está no seu *swabhav* e trabalha a partir daí, é como se estivesse constantemente ligado a uma fonte inesgotável de energia. Você só tem que viver; quanto mais trabalhar e viver o seu *dharma*, mais energizado se sentirá.

Pistas para discernir seu Swabhav e sua Swadharma

O Eneagrama é um sistema de tipificação de personalidade bem conhecido. De acordo com *A Sabedoria do Eneagrama*, você pode estar carregando um (ou mais) desses dons inatos:[4]

Diga essas afirmações em voz alta e veja qual ressoa mais para você.

1. Eu vivo para um propósito maior.
2. Eu me nutro e nutro os outros.
3. Eu elevo o padrão e dou o exemplo.

4. Eu me crio e me renovo constantemente.
5. Eu trago clareza e discernimento, sem julgamento ou expectativa.
6. Eu acredito em mim mesmo e confio nos outros.
7. Eu celebro com alegria e compartilho a felicidade.
8. Eu defendo, falo abertamente e ajo com coragem.
9. Eu trago cura e harmonia para o mundo.

Shakti está presente em cada uma dessas formas de ser e de fazer, pois todas elas são capacidades que vêm de sua essência, da Presença autêntica.

Depois de saber de qual poder inato você pode se abastecer, sinta a sua *swadharma* trazendo-o a seu *swabhav* para apoiar um dos três domínios que a humanidade mais busca:

O Bem: fazer o que é certo para o mundo.
A Verdade: busca e expansão do conhecimento humano.
A Beleza: excelência e criação da beleza.

Esses são chamados os ideais platônicos, cada um, ao final, digno em si mesmo; Aristóteles os chamou de "bens de primeira intenção". Há uma boa chance de que onde a sua verdadeira natureza inata (um dos nove dons-Enea) encontra seu domínio de ação ideal (o bem, verdadeiro e/ou bonito), resida a sua *swadharma*, um propósito mais elevado, pessoal, com o qual você é congruente.

Nilima explica que encontrou sua congruência quando veio para o trabalho de empoderamento das mulheres e conciliação de gêneros, através da sabedoria iogue (consciência e Shakti), a serviço da criação de um mundo que funcione para todos. A partir da sua essência, ela ressoa com o primeiro dom do Eneagrama (viver por um propósito maior) e é inspirada a usá-lo para fazer o bem (o que é certo para o mundo). A Liderança Shakti é o resultado dessa busca e ressoa como verdadeira para ela, mesmo quando ela é ocasionalmente testada e se torna mais abrangente em viver mais plenamente em todos os aspectos de sua vida, incluindo manter um senso de humor, alegrar-se e abraçar o seu lado "bobo".

CAPÍTULO SETE

Raj descobriu uma qualidade em si mesmo de aprender a confiar nos seus próprios instintos e julgamentos e na sua confiança inata nos outros (o sexto dom do Eneagrama). Ele estava inspirado a usar sua formação acadêmica para descobrir sobre se a maneira consciente de ser pode realmente ter sucesso no mundo, especialmente no mundo cão dos negócios. Isso deu origem a seu livro *Empresas Humanizadas*, que mostrou que as empresas baseadas na confiança e no carinho podem ser extremamente bem-sucedidas no mundo se elas também tiverem um senso de propósito profundo, procurarem servir em vez de usar todos os seus *stakeholders* e elevarem líderes que se importam com as pessoas e colocam propósito à frente do poder e enriquecimento pessoal. Esse trabalho foi fundamental para o lançamento do movimento global Capitalismo Consciente.

Todos nós tivemos um momento no qual sentimos que estávamos realmente em nossa plenitude e completamente vivos, ou seja, vivendo nosso *dharma*. *Dharma* não é necessariamente exercer uma profissão ou carreira específica. É mais sobre quem você é e como você é visto no mundo, o que está destinado a manifestar. A energia com que você o faz e a energia que você traz para o mundo parece verdadeira. Isso é o que significa viver a vida dhármica.

A maioria das empresas refere-se a seus funcionários como "recursos humanos". Mas pense sobre o que isso implica. A maioria dos recursos é limitada e se esgota com o uso. Um pedaço de carvão é um recurso; uma vez que você o usa, ele queima. Os seres humanos são de fato sujeitos a se esgotarem quando são tratados como recursos, quando não estão conectados a uma fonte viva, vibrante. Mas um ser humano que está em um ambiente que o apoia e opera em harmonia com seu *swabhav* e sua *swadharma* é uma fonte inesgotável de energia, carinho, criatividade e compaixão. Você sai de ser um recurso esgotado para ser uma fonte ilimitada, porque está conectado à fonte máxima infinitamente poderosa e criativa, Shakti.[5]

Qual é o significativo propósito da vida? O que estamos aqui para fazer e ser? Os textos antigos da Índia falam de *purushartha*, que literalmente significa "objeto da busca humana". O *purushar-*

tha cita quatro metas ou objetivos de uma vida humana: *dharma*, *artha*, *kama* e *moksha*. *Dharma* diz respeito aos nossos deveres e à maneira certa de viver. *Artha* é sobre prosperidade e os meios de vida, mas também sobre propósito e significado. Essa é a nossa parte masculina. *Kama* é sobre o prazer, amor e relacionamentos (o nosso lado feminino), e *moksha* é sobre libertação e autorrealização. O lugar gostoso onde *dharma*, *artha* e *kama* se reúnem é na sua *swadharma* (Figura 7.1). Você não tem que escolher um em detrimento do outro; pode viver todos eles, e isso definirá a fonte do seu prazer. Daí surge um portal para *moksha*, libertação, a grande liberdade e alegria além da dualidade.

FIGURA 7.1 – PROPÓSITO ↔ SWADHARMA ↔ PRAZER

- Liberdade/alegria além da dualidade (*moksha*)
- Trabalho significativo (*artha*)
- Verdade pessoal (*swadharma*) localizada no "Lugar do Prazer"
- Relacionamentos amorosos (*kama*)

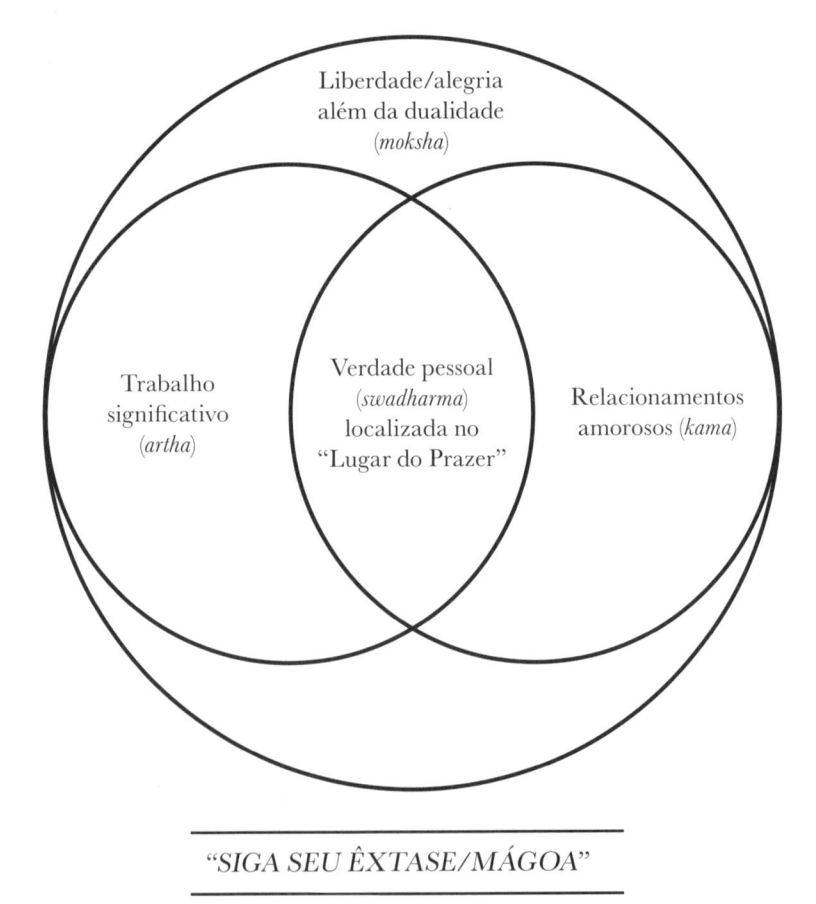

"SIGA SEU ÊXTASE/MÁGOA"

CAPÍTULO SETE

No final de todo o seu trabalho, Joseph Campbell o resumiu nestas três palavras: "Siga sua felicidade". A vida é *ananda* (felicidade). Ela nasce da *ananda*, ela existe e se sustenta em *ananda*, e ele retorna a *ananda*. O autor de *The Age of Ananda* (A Era de Ananda), Kumar Sharma, nos aconselha a "viver com alegria e evoluir conscientemente". É preciso muito trabalho profundo e maturidade para alcançar sua felicidade. Até então, como Andrew Harvey diz: "Siga o que parte seu coração". O que acontece no mundo que lhe causa angústia profunda, quase física, algo que você sente que precisa ser atendido, curado ou corrigido com urgência? Isso pode muito bem apontar para a *swadharma*, o seu propósito único a seguir e cumprir. Esse coração partido pode ser o seu "apelo à aventura", que, uma vez atendido, vai levá-lo para seu elixir e sua felicidade.

Nós todos sentimos dor no coração ao ver o conflito e a destruição em torno de nós, do nível pessoal ao nível planetário. Tudo o que podemos fazer é reconhecer a dor no coração, oferecê-la ao nosso eu-superior e esperar pela orientação interna sobre qual ato de amor aquele "eu" precisa.

Em determinado momento, a felicidade e a dor no coração misteriosamente se conectam. Quando esse desgosto é sentido como felicidade e a felicidade é sentida como desgosto, é o que chamamos de manter a plenitude – doce e afiada, ao mesmo tempo, a *ananda* que está além da felicidade e do desgosto. Isso é *mahakaruna* – a compaixão profunda e absoluta pela condição humana, um impulso irresistível que nos estimula a fazer a ação de cura.

Manifestando o seu propósito superior

Qual é a sua felicidade e como você pode entrar em contato com ela? Uma vez que você saiba quem você é e qual a sua *swadharma*, pode reivindicá-la e comprometer-se com ela. Você se torna uma força da natureza feliz e incontrolável. As questões do outro não importarão mais, porque você vai ser bastante consumido pelas suas próprias – de uma maneira saudável, é claro!

Como você pode descobrir a linha mestra? Faça uma lista de todas as coisas que fez em sua vida, especialmente aquelas que você mais gostou. Superficialmente elas podem parecer muito diferentes e divergentes. Mas você consegue detectar um padrão recorrente em todas elas? Se pode encontrá-lo, aquela linha mestra lhe dará uma pista sobre qual é realmente o seu dom e, portanto, seu caminho.

Você também pode usar uma abordagem mais estruturada para descobrir o seu propósito mais elevado (Figura 7.2). Quando avança para esta vida nova tão importante, você não descarta totalmente o passado. Comece olhando para os conhecimentos e as habilidades que adquiriu com a sua educação, formação e experiências de vida. Para a maioria das pessoas, não é por acaso que elas foram educadas em determinado tema, e não em outro. O núcleo do que você já aprendeu pode servir como uma fundação.

Figura 7.2. – Propósito Superior

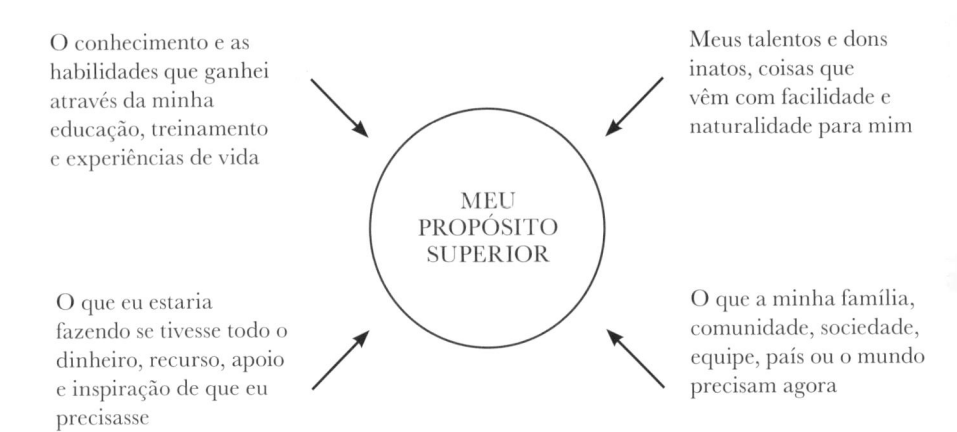

O conhecimento e as habilidades que ganhei através da minha educação, treinamento e experiências de vida

Meus talentos e dons inatos, coisas que vêm com facilidade e naturalidade para mim

MEU PROPÓSITO SUPERIOR

O que eu estaria fazendo se tivesse todo o dinheiro, recurso, apoio e inspiração de que eu precisasse

O que a minha família, comunidade, sociedade, equipe, país ou o mundo precisam agora

Em seguida, pense nos seus talentos inatos e dons, aquelas coisas que vêm com facilidade e naturalmente para você. Talvez você sempre tenha cantado ou escrito com facilidade, ou qualquer coisa que você cozinhe fica delicioso, ou você só sabe fazer as pessoas se sentirem à vontade. Tem alguma coisa em você que vem, e sempre veio, com muita naturalidade. O autor Gay Hendricks, em seu livro *The Big Leap* (O Grande Salto), refere-se a isso como a sua "Zona de Genialidade".

CAPÍTULO SETE

Agora pense sobre o que estaria fazendo se tivesse todo o dinheiro, recurso, apoio e inspiração de que precisasse. Se não tivesse que cuidar de nenhum dever pessoal em primeiro lugar, o que você faria com sua vida?

Finalmente, olhe para o mundo e pergunte: "Quais são as lacunas que existem lá fora? O que a minha família, comunidade, sociedade, equipe, país ou o mundo realmente precisam neste momento?". Cada um de nós tem um desejo inato de fazer algo de positivo no mundo – algo que valha a pena se dedicar por si só. A lacuna pode ser grande ou pequena, evocando um sentido nítido de que "alguém precisa fazer alguma coisa a esse respeito". Esse alguém pode muito bem ser você. Como John Donne escreveu (e Ernest Hemingway tornou famoso): "Nunca procure saber por quem os sinos dobram; eles dobram por ti".

É muito provável que seu propósito maior único possa ser encontrado no cruzamento dessas quatro coisas.

Os líderes Shakti falam: sobre encontrar propósito

Casey Sheahan, ex-CEO da Patagonia, passou anos buscando seu propósito:

> *Fiz muitas viagens para a Índia e me encontrei com muitos professores maravilhosos, alguns dos quais passaram algum tempo comigo na minha casa em Colorado. Eu queria ver como eu, pessoalmente, era visto pelo mundo, sabendo que qualquer sofrimento que eu tinha dentro de mim se conectava com meu egocentrismo e teria um efeito sobre os outros. Eu me dei a esse trabalho para me tornar consciente daquilo que pudesse diminuir o meu ego e me tornar um tipo diferente de líder que iria servir a Patagonia de maneira poderosa. Eu criei uma visão mais elevada para a minha vida, começando por mim e pela minha família e depois com meus funcionários e minha empresa, para ajudar a tornar nossas comunidades e o mundo um lugar melhor. Tudo começou com prestar atenção às minhas próprias emoções, ideias e ações e discernir quando eu estava fazendo as coisas por interesse próprio ou por ambição, o que é muito comum com um líder de uma empresa, pois se você tem um cargo alto e é bem-sucedido, pensa que tudo gira ao seu redor.*

Eu amava meu trabalho na Patagonia porque eu subia as escadas pulando de dois em dois degraus todas as manhãs para ver que aventura me aguardava. Se você tem a visão certa para sua vida e para o seu trabalho e permanece fiel a si mesmo, então sabe o que vai fazer todos os dias quando acorda. Não tem nada a ver com as vinte coisas na sua lista de coisas para fazer; é só como você aparece e como vai impactar os outros. Se estiver em conformidade com a liderança consciente, é como você irá ajudar outros a realizar todo o seu potencial e transformá-los nos seres humanos mais felizes que possam existir. O papel pode ser só sobre você como o herói, ou pode ser sobre apoiar todos os seres humanos do planeta. Isso foi o que aconteceu comigo depois das minhas quatro viagens à Índia. Isso me fez apreciar mais a vida e eu tive também bastante sucesso nos meus negócios.[6]

Diálogo com o eu-superior

O "Diálogo com o Eu-Superior" é uma prática que pode ajudá-lo a descobrir o seu propósito. Parte-se do pressuposto de que cada um de nós tem um ego, enraizado em nossa mente normal, e também uma versão superior – uma versão divinizada de nós mesmos – que entende a nossa essência melhor do que o nosso ego e que pode estar sempre nos guiando e nos protegendo. Ele sabe aquilo que procuramos verdadeiramente.

Uma vez que frequentemente nos dizem para não aumentarmos o nosso eu-ego comum, corremos o risco de também não dar atenção e não honrar nosso eu-superior. Quanto mais você estiver em contato com o seu eu-superior, mais o reconhece e o honra, e mais acesso terá ao seu próprio poder e autenticidade.

O crescimento interior diz respeito a desenvolver um relacionamento com esse eu-superior. Uma maneira de fazer isso é parar e dar graças ao eu-superior cada vez que você sentir seu poder, sua Presença e seu apoio. À medida que viaja por desafios e provações, você vai lentamente experimentar o seu eu-superior como seu parceiro poderoso e invisível.

O diálogo com o eu-superior para discernir seu propósito mais elevado é uma meditação e exploração profunda, a partir de muitos processos diferentes psicoespirituais e criativos, incluindo a prática budista *metta*, Ioga Integral, psicossíntese, trabalho com

CAPÍTULO SETE

a criança interior e visualização criativa. Eles se destinam a contornar a mente racional e acessar a consciência de todas as partes do nosso ser, especialmente da criança criativa e do eu-superior empático e sábio superior. Ele tem três etapas.

PASSO 1: ABRINDO O CORAÇÃO E ABRAÇANDO A CRIANÇA INTERIOR

Comece por criar um espaço sagrado para si mesmo. Sente-se em uma cadeira e coloque os dois pés firmemente no chão. Mantenha as costas retas e os olhos fechados. Entre na consciência do seu cotidiano "aqui e agora" do eu comum. Para começar a abrir o seu coração e canalizar a sua Presença, visualize através do olho da sua mente o seu eu-criança. Lembre-se, quando esse eu-criança teve pela primeira vez algum tipo de medo ou insegurança, sentiu-se tolo ou perdido. Veja claramente esse eu-criança na sua frente. Como um pai faria, segure seu eu-criança com gentileza e amor, sua mão direita sobre o ombro esquerdo da criança e sua mão esquerda em torno da cintura direita. Entre em comunhão com o seu eu-criança precioso. Envie um *metta* (gentileza amorosa) profundo para esse eu-criança. Diga-lhe: "Que você fique bem; que seja feliz; que possa estar livre de todo sofrimento".

Continue respirando e integrando a energia desse eu-criança com seu eu-adulto. Tente reconectar-se com sua alegria e curiosidade infantil a fim de abrir o seu coração e sua mente para um sentimento de aventura e diversão. Inspire cura para seu eu-criança e receba diversão e encantamento em troca. Desse lugar de integração de seu eu-adulto e eu-criança, traga maior conscientização para esse sentimento de alegria ou felicidade que você teve quando era uma criança, e que ainda carrega como adulto. Articule agora qualquer questão que possa ter sobre a vida, tal como tentar entender suas escolhas, discernir o fio da meada, resolver seus dilemas, determinar o que fazer e o que não fazer.

Traga tudo para sua consciência e reflexão agora, a partir desse local de integração.

Pegue um pedaço de papel e preencha os quatro quadrantes mostrados na Figura 7.2. Anote o conhecimento e as habilidades que você conquistou por meio de sua educação e formação. Apreenda seus dons e talentos inatos, coisas que vêm naturalmente para você. Imagine o que você estaria fazendo se tivesse todo o dinheiro, tempo e apoio do mundo. Sinta do que o mundo, sua equipe ou a vida em si precisa.

Se você pudesse fazer uma pergunta a um ser onisciente, qual pergunta faria? Articule com muita clareza e especificidade esta questão profunda e essencial: *Qual é o meu propósito?*

PASSO 2: ABRINDO A MENTE E ACESSANDO O EU-SUPERIOR

Quando tiver a questão central do seu propósito mais elevado completa e claramente articulada, levante-se muito lentamente e dê a volta na sua cadeira, ficando de frente para as costas dela. Imagine o seu eu-ego sentado na sua frente. Mantendo os olhos fechados, solte suas mãos. Mantenha a integridade da energia. Afaste seus pés na largura dos ombros e estique-se, torne-se alto. Agora você é uma montanha poderosa, eminente e irremovível. Você se mudou para a consciência do seu eu-superior, o onisciente, todo-poderoso ser que você é. Agora, incorpore essa energia. Invoque a energia, sinta-a entrar em você e abra-se a ela. Muito gentilmente coloque as mãos na parte de trás da cadeira como se estivesse colocando-as sobre os ombros de seu eu-ego. Com muita compaixão e compreensão, permita que o seu eu-superior canalize o seu próprio poder e sabedoria maior. É como se você abrisse uma torneira e deixasse escorrer o fluxo da consciência. Deixe as palavras virem. Seja um recipiente silencioso, receptivo. Deixe a sabedoria fluir através de você, sabedoria que é para o bem maior de todos. Uma vez que você sinta que a torneira abriu e o fluxo de consciência começou a fluir, gentilmente sente-se e comece a escrever. Escreva tudo o que vier a você. Permita que a clareza surja por conta própria. Não dirija com a sua mente; deixe a sua intuição assumir o controle. Comece a integrá-la e absorvê-la em seu ser. Se resultar em uma frase ou declaração, escreva-a na caixa central da Figura 7.2.

PASSO 3: INTEGRANDO E ACEITANDO SEU
SÍMBOLO DE PODER E MITO PESSOAL

Uma vez que você tenha terminado de escrever, feche os olhos e relaxe. Imagine que está andando em uma linda floresta e o clima está perfeito; é um dia claro, ensolarado, os pássaros es-

CAPÍTULO SETE

tão cantando nos céus. Há uma fragrância maravilhosa no ar. Você está andando por uma trilha. Há uma sensação inconfundível de que algo mágico, algo muito poderoso e sublime espera por você. À medida que anda, os arbustos ficam mais espessos, mas você continua, implacável. Sua vontade se aguça, e seu empenho e determinação são fortalecidos para você ir e encontrar seja lá o que estiver te esperando. Você tem um sorriso no rosto, com uma sensação de antecipação e de alegria.

Encontre-se entrando em uma clareira, com os raios de sol à sua volta. No centro desse espaço aberto há um espelho com um véu sobre ele. A sensação é a de um espaço muito sagrado, santo. Tire os seus sapatos e lave suas mãos e o rosto no córrego de águas limpas ali perto. O seu eu mais verdadeiro, mais puro, dá um passo à frente, em direção ao espelho, e te convida a levantar o véu. Respire fundo, remova o véu do espelho e permita-se olhar para a enorme paisagem interna que o espelho está mostrando. Aproximando-se de você pelo outro lado, através do espelho, está um símbolo, algo ou alguém, que você reconhece como o símbolo único do seu poder. "Este sou eu. O poder que sou eu está sendo mostrado a mim através deste símbolo." A energia mais linda e poderosa irradia desse objeto ou ser. Tudo o que você tem a fazer é alcançá-la, estar aberto a ela e respirar, e ela entra e funde-se com você. É como se você tivesse sido ligado, começado a viver. Seu corpo inteiro está cantando e sorrindo porque você sabe que a energia lá dentro de cada célula do seu corpo agora está dizendo: "Eu sou isso, eu sou isso, eu sou isso".

A beleza dessa reconexão com seu poder é tamanha que você quer capturá-la em um cartaz que possa trazer de volta com você. Toda vez que esquecer quem você é, precisa olhar para esse cartaz. Quando estiver pronto, crie o poster do seu símbolo de poder. Não se trata de produzir um desenho artístico; diz respeito a capturar a essência do que você sentiu. Desenhe algo que capture o prazer e o poder de quem você é quando está no seu elemento. Convide o lado direito do seu cérebro a vir à tona. O símbolo deve atrair não só seu coração, sua cabeça ou suas entranhas, mas todos os três.

Tendo se sintonizado com a sua intuição, de um lugar de Presença (especialmente uma mente calma) e honestidade completa,

Alcançando a congruência

verifique: será que o seu maior propósito soa claro e verdadeiro para você? Não force para ele caber. Reformule-o até que ele caiba. Será que ele atrai sua cabeça, seu coração e suas entranhas? Será que ele se encaixa em você e ao mesmo tempo te alonga? É necessário o equilíbrio certo de conforto e desconforto, porque sem desconforto você não pode crescer! Será que ele te obriga a agir? Existe a energia feroz do Shakti nele? Se houver, ele vai energizá-lo e motivá-lo por anos, até que ele se cumpra.

Eu sou. Eu posso. Eu vou.

Reivindique seu próprio mito consciente de liderança. Primeiro, considere:

Minha Presença: como vou cultivá-la?
Meu poder: como vou exercê-lo?
Meu prazer: como vou encontrá-lo?
Meu propósito: como eu vou vivê-lo?

Em seguida, conte a sua própria história na terceira pessoa: Quem é ela/ele? Qual é o dom único que dá poder a ela/ele? Onde ela/ele está indo? Qual é o propósito maior que a/o energiza? O que está atrapalhando o caminho dela/dele? Quais os obstáculos que ela/ele precisa superar? Como é que ela/ele vai chegar lá? Com que recursos ela/ele pode contar?

Dialogar com o seu eu-superior e articular o seu mito pessoal são processos evolutivos, repetitivos e que vão estar sempre em andamento. Sinta-se livre para brincar com os processos que sugerimos e encontre o seu próprio caminho.

Diálogo do eu-superior organizacional

Se foi capaz de entrar em contato com um sentido do dom que você incorpora, o propósito que você está aqui para trazer ao mundo, também pode trazer esse processo e essa abordagem

CAPÍTULO SETE

para uma organização da qual você faz parte. Pode ser uma bem antiga ou uma startup. As organizações estão nas suas próprias jornadas heroicas e passam pelo mesmo ciclo que nós, como indivíduos, passamos. Assim como articulamos um propósito mais elevado de quem somos e para onde estamos indo, a organização deve articular o seu propósito mais elevado. Não há muitas organizações que conseguem discernir a alma do seu ser, por isso as suas declarações de propósito parecem vazias e as pessoas não se relacionam com elas; essas organizações são uma casca sem alma. Mas se as pessoas certas com as ferramentas e competências adequadas se unirem e criarem essa declaração, torna-se um chamado inspirador e uma força estimulante.

EM DIREÇÃO AO AUTODOMÍNIO E AO SERVIÇO ALTRUÍSTA

A jornada heroica inclui viagens interiores e exteriores paralelas na busca máxima pela liberdade e pela realização. A pista externa é a sua jornada na liderança, e a pista interna é a jornada da evolução de sua consciência. As duas ocorrem simultaneamente. O líder que você se torna é a pessoa que você se torna.

JORNADA EXTERIOR	JORNADA INTERIOR
Completa tarefas	Atinge o crescimento
Supera obstáculos	Supera neurose
Cura relacionamentos	Cura cisões internas
De inocente a líder	De vítima a criador
Aumenta a consciência coletiva	Aumenta a própria consciência
Eleva a sociedade	Evolui o "Eu"
LEVA AO SERVIÇO ALTRUÍSTA	LEVA AO AUTODOMÍNIO

Liberdade para viver; Mestre de dois mundos

A viagem exterior é aquela em que as tarefas são completadas e os obstáculos superados. Nós curamos alguns relacionamentos que podem ter sido rompidos. Nós vamos desde sermos inocentes não testados para o líder daquele espaço, e elevamos a consciência coletiva da nossa tribo, nossas comunidades, nossas equipes, nossas sociedades. No processo, a sociedade se eleva.

Na jornada interior, você alcança crescimento pessoal. Você supera suas neuroses e cura os cismas e divisões dentro de você. Você vai de ser uma vítima para tornar-se um criador. Você eleva sua consciência e evolui o seu *self*.

Quando você faz a jornada pelo lado de fora, chega a um lugar de serviço altruísta para o mundo e para o seu propósito maior. A jornada interior te leva para um lugar de autodomínio. São dois lados da mesma moeda, capacidades interdependentes e que se reforçam mutuamente. Quanto mais autodomínio você conseguir, mais pode sair e realizar grandes coisas. Quanto mais você estiver a serviço, mais domínio passa a ter. Cada uma espelha e segue em paralelo com a outra. A jornada exterior é a respeito de fazer; a jornada interior a respeito de ser. Quando você se torna mestre de si mesmo, já não é mais egoico ou baseado em poder; ao contrário, está completamente a serviço do altruísmo para sua tribo, sua comunidade, seu propósito, seja lá que ideal mais elevado possa ser. Pegar as ondas da mudança, tanto interna quanto externa, ajuda-o a tornar-se um "mestre de dois mundos", na frase de Campbell. É o estado a partir do qual você pode finalmente experimentar a total liberdade de viver. Tendo superado seu condicionamento e recuperado o seu poder de todos os arquétipos que estavam dirigindo seu carro psicológico, agora você está verdadeiramente livre, em total controle.

No final da jornada, o mundo vai ver você como o inocente que entrou em si próprio como um líder. Você, por outro lado, reformulou sua impotência e evoluiu para um ser-criador potente, com uma capacidade bem-vinda de rir de si mesmo, um sábio-bobo à vontade com o amor exigente. Este é o melhor lugar de manter o mito *eros-thanatos-logos-mythos* com leveza.

CAPÍTULO SETE

OS LÍDERES SHAKTI FALAM: SOBRE O PROPÓSITO SUPERIOR

Quando se trata de propósito mais elevado, Casey Sheahan pergunta:

> *Em algum momento, tudo se trata só de mim? Você está dirigindo um negócio só para ser bem-sucedido? Ou você está pensando sobre o crescimento de todos os seus stakeholders – suas vidas, sua felicidade, sua realização? Funcionar a partir da ambição só está relacionado a ser agressivo e egocêntrico. Basta pensar que tipo de exemplo você está definindo para seus filhos e sua organização se estiver funcionando a partir daquele lugar. Se esta é a cultura da organização, o que é o futuro? Se os seus funcionários não estão felizes, você realmente acha que será bem-sucedido? O outro lado da equação é viver a vida com uma visão espiritual – com compaixão, amor e compreensão. Isso tem que começar com uma visão de si mesmo para chegar a um estado interior superior de ser – sinta-se bem sobre como você está vivendo sua vida e como está conduzindo seus negócios e ajudando todas as pessoas na sua organização a se livrarem do sofrimento. Do lado da equação da ambição, o sofrimento está por trás do medo e da ganância, da mentalidade de "fazer dinheiro a todo o custo", as comparações com o sucesso de outras pessoas... Todas essas noções são realmente sobre criar você como separado dos outros indivíduos, porque você está tentando criar uma organização ou negócio que é melhor que o dos outros, que faz mais dinheiro, "Eu sou o mais rico, eu sou o melhor" etc.*[7]

Estamos todos fazendo a jornada para a nossa liberdade ou *ananda*, a nossa felicidade. Nós só conseguimos isso quando dominamos ambos os mundos: o interior e o exterior. Este é o grande elixir, o resultado final do porquê de nós fazermos a jornada, e é por isso que não temos escolha, a não ser fazê-la.

CAPÍTULO OITO

A promessa da liderança Shakti: um mundo pleno e livre

Se for para existir um futuro, ele usará uma coroa feminina.
Sri Aurobindo¹

O ELEFANTE NA SALA
Recentemente deparamo-nos com um desenho no *New Yorker* que mostra um elefante deprimido no sofá de sua psicoterapeuta, dizendo: "Eu estou bem aqui na sala, e ninguém sequer nota minha presença".

Aquele elefante na sala nos lembrou de Shakti, o poder feminino invisível, não reconhecido e não usado. Os elefantes simbolizam doçura, inteligência e muita força – um símbolo apropriado para Shakti.

O poder, e mesmo a existência de Shakti, têm sido firmemente negados, talvez porque ele tenha sido visto como uma ameaça para as estruturas tradicionalmente patriarcais da sociedade. Aqueles que estão com as rédeas do poder há muito sentiram, e talvez secretamente temiam, esse poder de vida feminino potente nas mulheres. Assim, eles procuraram mantê-lo no cabresto e preso para servir a seus sistemas patriarcais. Para evitar que esse poder manifestasse a sua grandeza, concordamos com uma amnésia coletiva; optamos por aceitar implicitamente a fabulação que qualidades femininas são inferiores às masculinas. Assim, o patriarcado foi, e continua sendo, autorizado a se sentir no controle quase total dos processos incertos da vida e do destino.

A consciência ganha-perde de uma humanidade imatura nos demandou negar, suprimir e desvalorizar o poder e a indispensabilidade do feminino, a fim de manter o domínio do masculino. Nós perdemos Shakti de vista de tal maneira que até agora lutamos para trazê-la para a consciência, para observar e entender o que Shakti é realmente.

A história humana está repleta de grandes avanços científicos, artísticos e materiais, mas também de sofrimento inimaginável – de uma guerra após a outra, todas sem sentido, cada uma plantando as sementes da próxima erupção de violência, em uma sucessão interminável de atos de bravatas masculinas, sem terem sido fermentados pelo toque feminino maduro da nutrição, humanização e civilização. Inúmeras vidas humanas preciosas, únicas e insubstituíveis foram tragicamente interrompidas, e tudo isso para quê? Para apaziguar os egos e saciar a sede de sangue dos tiranos e déspotas, e nada mais.

O poder e dinheiro baseados no ego têm sido vistos como "os únicos jogos na cidade". É hora de despertar para a revigorante realidade de que há jogos muito maiores, melhores e mais gratificantes na cidade. Nós entrevistamos muitos líderes e especialistas em liderança para escrever este livro. O que nos surpreendeu foi que a maioria dos comportamentos, habilidades e das atitudes necessárias que eles esperavam e destacavam como essenciais para o desenvolvimento humano era, em sua essência, fundamentalmente feminina, isto é, aspectos de Shakti. Em muitos casos, as pessoas nem sequer sabem que esses elementos são femininos. É por isso que Shakti parece com o elefante invisível na sala. Como podemos deixar de ver o próprio princípio que sustenta a vida?

Tal é o grau de submersão do feminino em nosso inconsciente individual e coletivo que temos de mergulhar fundo para recuperá-lo e reengajar-nos com ele. Este poder feminino criativo e sustentável é inteligente e consciente. É real e poderoso além da compreensão da maioria. Quanto mais cedo nós reconhecermos o que pertence ao domínio do feminino, mais conscientes podemos nos tornar da sua ação. Quanto mais aprendemos a trabalhar com ele, mais eficazes e realizados nós ficamos.

CAPÍTULO OITO

Pesquisas recentes sobre liderança desenterraram muitas qualidades desejáveis que estão presentes inerentemente em Shakti. É como a parábola bem conhecida dos cegos descrevendo diferentes partes do mesmo elefante. Em vez de compreender peças do quebra-cabeça, é mais útil para nós tentarmos compreender o todo.

Anteriormente, escrevemos sobre como os bebês elefantes são condicionados ao trabalho doméstico sendo acorrentados a uma árvore. Eles não conhecem a sua própria força à medida que crescem e aparentemente se contentam em permanecer confinados no mesmo espaço, mesmo quando crescem no seu imenso poder e as correntes em torno de seus pés tenham sido soltas da árvore. Chegou finalmente a hora de a energia feminina romper o condicionamento no qual tem estado por muitos milênios e perceber que tem o poder de mover montanhas – em homens e mulheres, e no mundo. É hora, depois de tanto tempo, de finalmente libertarmos Shakti e comemorarmos seu poder, sua graça e seus dons generosos.

OS LÍDERES SHAKTI FALAM: SOBRE VIVER A SUA VIDA E VALORES

Shelly Lazarus, presidente da Ogilvy & Mather Worldwide, aconselha:

> *Você não pode ter medo de ser quem você é. Viva seus valores, viva a sua vida. Eu ouvi uma mulher outro dia usando a expressão "sair de fininho" para ir assistir ao jogo do seu filho. Foi assim que ela descreveu seu próprio comportamento. Eu disse: "Espere! Fique onde está. Eu nunca fugi de qualquer lugar; eu ando pelo corredor principal, e se alguém não gostar, problema deles! Isso é o que eu preciso fazer para viver a minha vida, é isso que eu quero fazer. Eu estou indo para o jogo da escola às 11:15h. Não se preocupe comigo, eu termino meu trabalho. Vou entregar o que as pessoas precisam. Mas não saia de fininho. Apenas levante-se, faça o que você precisa fazer e sorria, olhe-os nos olhos e diga: 'Se você não gostar, me despeça! Eu vou encontrar outro emprego, porque eu sou talentoso, comprometido e inteligente o suficiente'".*[2]

A VIAGEM DE SHAKTI

Estamos nos estágios iniciais do despertar para a percepção de que o caminho que temos seguido por milênios não está mais funcionando, e, na verdade, não funcionou no passado também. Não está funcionando em nossas vidas pessoais, como evidenciado pelas epidemias crescentes de depressão, dependência e doenças crônicas que estamos sofrendo.[3] Ele também não está funcionando no nível do coletivo, planetário; testemunhe a degradação do meio ambiente e a destruição de inúmeras espécies.

Estamos nos aproximando de um ponto de inflexão social monumental. Um número cada vez maior de homens está começando a ficar confortável integrando o lado feminino em sua abordagem em relação à vida e à liderança. Ao mesmo tempo, um grande número de mulheres está passando pelo sistema de educação, escalando as hierarquias organizacionais e assumindo papéis de liderança. Com esse aumento, vem uma confiança maior nas suas próprias capacidades; as mulheres já não estão em um mundo em que elas sentem que precisam imitar os piores aspectos do comportamento masculino a fim de ter sucesso.

Quando você lidera com Shakti, você está se alimentando do poder que alimenta o universo: o poder do amor, do cuidado e da mutualidade. Você não está operando com objetivos opostos de onde o mundo precisa e quer ir. Você é um agente de algo que é essencialmente infinito e se torna parte da própria jornada de Shakti, o aumento geral do feminino no mundo.

Mesmo quando começamos a nos ver como o herói/heroína da história da nossa vida, chega uma hora em que temos que nos tornar uma parte de uma jornada maior, quando o nosso pequeno riacho se funde com o rio poderoso do próprio Shakti. Chris Maddox, fundador do Wild Woman Project, resume assim: "Esta é [a] mudança: de me sentir como a estrela do filme da minha vida em um set muito bonito, para me sentir como parte de uma história épica que está se desenrolando, onde eu me sinto honrado de ter um papel pequeno mas poderoso neste capítulo".[4]

A narrativa de Liderança Consciente fica incompleta se não for desvendada e explicitada a ideia de Shakti, o poder que ativa a consciência e incorpora todo o espectro de energias que abas-

CAPÍTULO OITO

tecem e mediam a nossa evolução. É fundamental para nosso crescimento tornar esse poder, esse campo de energia dinâmica, visível e familiarizar-se com os arquétipos/impulsos que estão trabalhando dentro e em torno de nós. Não podemos entrar em qualquer nível de maestria – pessoal, profissional ou coletiva – até que nos tornemos conscientes dessas forças invisíveis e conscientemente trabalhemos com elas.

A autora Caroline Myss refere-se a essa energia Shakti em sua própria linguagem: "A nossa natureza interior está evoluindo para acomodar a idade energética em que estamos agora. Nossa inteligência intuitiva despertou junto com outros sentidos internos, causando todos os tipos de perturbações... No entanto, não estamos familiarizados com as sutilezas da nossa psique e com a nossa inteligência espiritual. Nós vivemos agora, de verdade, tanto no âmbito invisível da psique e do mundo da energia (através da tecnologia) quanto no mundo físico... Eu acredito que seja igualmente importante aprender a falar *arquétipos* fluentemente porque os símbolos e os mitos são a linguagem da psique".[5]

Tudo viaja

Muitos leitores vão se lembrar do jogo "Senha" que jogávamos quando crianças, um jogo em que tínhamos que decifrar um código oculto. A cada passo que dávamos, mais nos aproximávamos da resposta.

O código da vida é: para poder vir a ser, *tudo viaja*.

Ideias, movimentos, instituições e programas são testados, assim como espécies, comunidades e indivíduos. Apenas aqueles que estão "aptos para sobreviver" resistem e prosperam. Por exemplo, o caminho da Declaração de Independência para o estabelecimento de um sistema de governo democrático estável nos Estados Unidos foi difícil e com muitos obstáculos. Os líderes do jovem país tiveram que superar inúmeros desafios e lidar com circunstâncias que poderiam ter acabado com a nação, ainda imatura, antes que fosse capaz de encontrar sua verdadeira identidade. A jornada de crescimento e evolução continua até hoje e nunca vai terminar.

A viagem tem um design surpreendentemente inteligente construído nela. A essa altura, graças ao trabalho de Joseph Campbell, as fases e personagens arquetípicas são bem conhecidas. Com um novo olhar e Presença plena, você pode antecipar os estágios da jornada e responder de forma consciente. Assim como você pode usar as provações para entrar em seu próprio poder e Shakti, em vez de ser consumido por eles, pode fazer o mesmo para qualquer organização ou movimento do qual faz parte ou com o qual se importa.

A viagem interior para o autodomínio é tão importante quanto a viagem exterior para o serviço altruísta. Não perca de vista um para cuidar do outro. Você não está aqui apenas para acordar e cumprir a sua agenda pessoal. A sua viagem heroica pessoal está ligada ao sucesso da sua empresa, renascimento social e harmonia global. Você está aqui para encontrar a sua *swadharma* e seguir sua felicidade e, ao fazê-lo, desempenhar o seu papel na grande sinfonia de crescimento evolucionário.

O Ciclo Humano de Sri Aurobindo descreve a inevitabilidade da nossa evolução iminente. Ele diz que não estamos apenas fazendo *sadhana* e praticando para o nosso próprio autodesenvolvimento, o nosso próprio aperfeiçoamento e nossa própria liberdade, as razões pelas quais a maioria das pessoas costuma realizar qualquer prática espiritual. A hora chegou para nós conhecermos o contexto do porquê estamos fazendo isso: para apoiar a própria evolução. Toda essa criação é um trabalho em desenvolvimento. Somente quando uma massa crítica de pessoas acordar, a mudança pode acontecer. Nós ainda estamos presos no contexto antigo, e esse contexto muda lentamente, o que significa que o tempo todo encalhamos e voltamos para trás. Precisamos trazer mais intencionalidade para as práticas espirituais pelas quais estamos passando, a intenção de que o que estamos fazendo é favorecer a própria evolução, criação e humanidade. Não é um propósito egoísta; é o maior ato de altruísmo. É por isso que temos que fazer a nossa jornada heroica neste momento.

Você tem noção do destino, mas como ir daqui até lá? Não existem respostas padrão, prontas. Você recebeu o mapa e as ferramentas, e tem uma ideia das diferentes opções disponíveis. Vivendo cada momento em Presença plena, é possível revelar o caminho a ser seguido. Ele se abre passo a passo. Cada indivíduo, cada relacionamento e cada equipe vai ter

CAPÍTULO OITO

uma experiência diferente da jornada. Este é o mapa; não é o território. Quando você começar a andar nele, vai descobrir muitas coisas.

Comece cultivando a Presença para ser abastecido por Shakti. Trabalhe então para construir as capacidades de integridade, flexibilidade e congruência. Torne-se a sua própria mãe-pai e seu próprio amado. Nutra e proteja a sua criança interior; ame e liberte-se para amadurecer e jogar o jogo da vida, o *lila*, com alegria e consciência. Encontre aquela reunião familiar dentro de você, psicologicamente. Saiba como alternar entre as energias masculina e feminina e não ficar preso a uma ou outra. Fique no propósito e viva o seu *dharma*.

Você já está a caminho da sua realização. Use o seu mito, a sua história, para fazer a jornada com alegria, sem sofrimento e angústia desnecessários. Experimente a serenidade que vem de saber e aceitar que a única maneira de sair é através de ou por dentro. Tudo começa a partir do seu eu interior.

Não viajar não é uma opção. Se é para a raça humana ser salva e elevada, cada um de nós precisa acordar, fazer a viagem e atender ao chamado da jornada. Há, nas palavras de Martin Luther King Jr., "urgência do agora", uma urgência alegre, extática, a tração do que poderia ser. Não se trata de fugir da fogueira que está abaixo, mas de alcançar a fruta acima.

DESPERTAR PARA A MUDANÇA PLANETÁRIA

A futurista Faith Popcorn disse: "O fim do gênero não se trata de androginia social. Trata-se da integração e dominância crescente da energia feminina. Estamos no final do feminismo agressivo, do domínio patriarcal e da identidade unidimensional".[6]

Em um nível subconsciente, muitas mulheres ainda são prisioneiras de estereótipos, expectativas não cumpridas e preconceitos inconscientes. Elas têm um poder latente enorme que não conseguem exercer. Como diz Marti Barletta: "As mulheres têm todo o poder que é relevante; elas têm poder de compra, riqueza e poder político. Mas, curiosamente, ninguém parece saber disso. É hora de sermos mais ousadas. Temos a massa crítica: agora, nós somos 51% dos profissionais e gestores, 53% das posições elegíveis para executivos de negócios. Temos que parar de tentar nos adequar. Nós tentamos convencer a todos que éramos tão parecidas com os homens quanto possível, com as nossas ombreiras de *quarterback* nos anos 1980. Precisamos ajudar as pessoas a entender que o que trazemos para a mesa é forte, inteligente e diferente do que aquilo que os homens trazem. Como tudo na diversidade, as diferenças acrescentam à mistura".[7]

Mas é a "liderança" no sentido hierárquico o único caminho para a mudança? Claro que não, apesar de que todos seriam beneficiados se houvesse mais mulheres em cargos de liderança do que temos hoje. Marti Barletta ressalta: "Um dos principais benefícios para muitos homens de ser o chefão é ser o chefão. Não há tantas mulheres quanto homens que se importam muito com ser as chefonas ou estão dispostas a sacrificar tudo na vida para obter essa posição".[8] O que isso mostra é que precisamos mudar a forma como pensamos sobre liderança para que se torne uma função mais humana, onde não seja necessário abrir mão de outras coisas essenciais na vida.

As mulheres precisam se impor e sair, mas não como imitações mais fracas dos homens. Elas deveriam tomar as rédeas do poder com segurança para usar esse poder de maneiras criativas e dedicadas. A icônica cantora e compositora Alanis Morissette expressa isso muito bem: "A definição de sucesso para mim é ganha-ganha, ou não fazemos negócio, como disse Stephen Covey. Na minha mente, é o divino feminino em jogo. Quer se trate de um negócio de milhões de dólares, ou escolher o parque para onde vamos levar meu filho, é ganha-ganha ou não fechamos negócio. Para mim, isso é o sucesso: encontrarmos uma saída de ganha-ganha e sairmos de uma posição sem ganhadores".[9]

REVIVENDO CÍRCULOS DE MULHERES

Nós não fomos colocadas neste planeta para sermos seres pensantes; nós também somos parte da natureza, tanto quanto os oceanos, as florestas e todas as criaturas que fazem parte dele. Precisamos entender Shakti como a terra e como os espíritos da terra e as forças dos elementos – todos são diferentes aspectos do

CAPÍTULO OITO

mesmo Shakti. Essa força, essa abundância, nos move e é tudo o que nos rodeia.

Precisamos de uma forma especial para entrar em relacionamento e comunicação com elementos não humanos. Essa forma é o ritual. A raiz da palavra "ritual" é *ritu* em sânscrito. Refere-se a tradição, ritmo, estações e menstruações. Criar rituais significativos e trazê-los para o local de trabalho é uma forma distintamente feminina de liderar.

O círculo das mulheres é um desses rituais. É uma maneira de entrar em contato com as energias arquetípicas dentro de nós. É um cenário em que as mulheres podem dar voz a seus medos mais profundos, esperanças, necessidades, angústia e dor. Nós os trazemos à tona dos lugares escuros da repressão onde os guardamos longe das nossas vistas. Nós os trazemos de volta e os oferecemos ao fogo, no centro, de modo que possamos nos esvaziar deles. Quando nos esvaziamos, estamos então prontas para receber uma consciência nova, superior, uma capacidade e habilidade de saber como lidar com os desafios da vida. Então, um círculo é uma forma de esvaziar o copo para enchê-lo novamente. Esses círculos são como caldeirões, espaços alquímicos para a cura da humanidade.

Quando fazemos algo em grupo com a intenção de curar e evoluir – não apenas nós mesmos individualmente, mas coletivamente –, elevam-se os níveis de amplificação, e resultados profundos tornam-se possíveis.

Vários tipos de círculos podem ser usados, tais como círculos de cura, círculos de diálogo, círculos de confiança, círculos do divino feminino e círculos ioguini. O processo básico do trabalho em círculo também pode ser usado no local de trabalho para fazer reuniões eficazes, inclusivas e eficientes.

Aqui nós compartilhamos o processo dos círculos Shakti, que podem ser usados por mulheres para entender e conectar-se com Shakti. É um ritual sintetizado, retirado das antigas tradições, como o bastão-fala dos nativos americanos e as cerimônias do fogo indianas, *homa* ou *yagna*, bem como processos modernos concebidos por facilitadores de consciência, com os quais interagimos e aprendemos.[10]

O CÍRCULO SHAKTI

Em um círculo Shakti, nós conscientemente trabalhamos com a força evolutiva do próprio Shakti. Shakti está em nós e trabalhando através de nós, por meio dos nossos *chakras* (nossos centros de energia iogues), visando ficar cada vez mais conscientes à medida que nossa energia se eleva. Nós invocamos o *panchamahabhuta*, os cinco elementos (terra, água, fogo, ar, espaço) que estão ao nosso redor e dentro de nós. Tome consciência de como esses cinco elementos se juntam no seu ventre criativo; é nesse lugar que a alquimia acontece.

Use uma árvore como um dispositivo para se centrar e como uma metáfora visual para sua coluna. Ela serve como uma mandala sagrada de acesso (uma figura geométrica que representa o universo no simbolismo hindu e budista), que traz a consciência suprema para a terra e conecta a consciência da terra com a fonte acima. Nós convidamos todas as mulheres do círculo a sentirem seus ventres se conectarem com a terra abaixo e o céu acima. Torne-se o útero coletivo, não apenas para si mesma, mas para limpar, curar e transformar tudo o que você carrega como uma mulher em seu corpo-mente. Estamos juntas não apenas para curar a nós mesmas. Nós estamos curando a feminilidade, a dor acumulada e feridas psíquicas de milhares de anos de patriarcado.

Convidamos a todos a se conectarem com esse nível de ser – para falar a partir de seu Shakti, o núcleo do poder criativo a partir do qual emanaram, a força que dá vida do princípio de consciência. (Lembre-se que na ioga chamamos o princípio consciência de Shiva, o masculino, e chamamos a sua força criativa e o poder de execução dinâmicos de Shakti.)

O círculo tem algumas regras importantes. Comece montando um altar de fogo como a peça central para o círculo. Se você não pode sentar-se em torno de um fogo, tente usar uma mandala de velas ou luzes de chá e flores. Se possível, coloque as velas flutuando em um *urli*, um vaso cheio de água, amplo e plano que fica no chão. Em seguida, convide as mulheres a aquietarem-se e sentarem-se em um círculo em torno dele. Sempre comece invocando o eu-superior de todas para orien-

CAPÍTULO OITO

tação e proteção, e para os resultados de cura superiores. Ofereça todo o ritual ao Shakti divino.

Sempre que você falar, fale a sua verdade. Use um "objeto-verdade", uma pedra de toque. Quando chegar sua vez, segure-a e fale a partir do seu coração, não a partir da sua mente. Fale a verdade, sem meias palavras. Escute profundamente o conteúdo, mas igualmente a intenção quando as outras falarem. Permita-se ficar comovida. Você está tentando entrar em contato com o coletivo, com o Shakti que está falando através de cada pessoa. Se dúvidas, questionamentos ou julgamentos surgirem em sua mente quando alguém estiver falando, pare e observe silenciosamente: "Hmm... Interessante que esta pessoa esteja sentindo dessa maneira". Deixe que seja uma divagação, em vez de um julgamento. Deixe um grande período de silêncio profundo após cada pessoa falar. Deixe o silêncio respirar. Absorva e digira o que acaba de ser falado antes de falar. Aterre-se, ancore-se, e fale apenas quando você se sentir centrada. Não há compulsão para falar; passe a pedra de toque para a próxima pessoa, se você não tem nada a dizer. Não interrompa ou desafie outra pessoa.

A coisa mais importante é extrair o não dito. O ponto central do círculo é falar o que não foi falado. Esse é um espaço seguro e sagrado para você liberar e deixar sair o que manteve preso. Ofereça cada palavra para o fogo central, não de um para o outro. Não faça contato visual; fale diretamente com o fogo e deixe-o ir.

Aquilo que é profundamente pessoal é completamente universal. O que quer que você diga, tão pessoal quanto possa ser, saiba que é uma verdade completamente universal, e é parte da história de muitas mulheres neste planeta.

Toda vez que a pedra de toque rodar o círculo, a líder lança uma pergunta. A pergunta é oferecida ao fogo e às mulheres no círculo. Há perguntas muito centrais, poderosamente transformadoras para se conectar, liberar, curar e transformar Shakti. Sinta-se livre para falar quanto você precisar, mas seja tão sucinta quanto possível. Quando oferecer suas palavras de encerramento, inspire toda a intenção por trás delas e ofereça-as ao fogo para se sentir verdadeiramente limpa desse material.

Quando a pedra de toque chegar a você, responda à primeira questão:

Como mulher, o que lhe traz alegria?

Respire fundo. Conecte-se com o seu útero. Conecte-se com os cinco elementos dentro de você e ao seu redor. Conecte-se com o Shakti dentro de você, o poder criativo do universo. Conecte-se também com a sua própria personalidade, o seu eu-ego, que viajou até aqui. Nilima pode dizer: "Como mulher, o que me traz alegria é o meu corpo. Eu fico profundamente encantada que eu tenha um corpo bonito, que dança, e que este corpo tenha sido tão fiel. Ele tem sido um parceiro tão incrível. Ele está comigo a cada passo do meu caminho e atende aos meus comandos, minhas orações, minhas intenções. Eu só quero dar graças a este lindo corpo e para o fato de que eu posso dançar com ele". À medida que você ouvir cada mulher falar, sinta a alegria dela, conecte-se com a sua própria e amplifique a alegria no seu círculo.

Outras questões que são normalmente usadas:

O que te causa dor/medo/raiva/vergonha/culpa?
O que você precisa amar/aceitar/perdoar/liberar/fazer o luto completo?

Sinta o seu caminho para a sabedoria do círculo e permita surgir novas questões enquanto você ouve o que é dito.

Como este é um espaço poderoso, alquímico, temas delicados podem vir à tona. Esteja pronta para forças psicológicas conflitantes de resistência ou obstrução se agitando, forças que potencialmente poderiam inviabilizar o processo. Quando ela vier, veja-a pelo que ela é com a Presença; invoque e use sua compaixão e sabedoria suprema Shakti e Shiva para contê-la, ou estacioná-la com humor e seguir em frente. Cada círculo torna-se uma mini-jornada heroica em si, especialmente para a líder do círculo.

Restaurando relações de gênero:
O homem inteiro, a mulher inteira, uma dança

Em nosso trabalho destinado a restabelecer as relações de gênero, nós também usamos o círculo "Homem Inteiro – Mulher

CAPÍTULO OITO

Inteira". Este é um processo em que um número igual de homens e mulheres são convidados a sentar-se em círculos concêntricos. Primeiro, o círculo interno é feito para as mulheres, enquanto os homens são convidados a simplesmente sentar-se no círculo exterior, manter o espaço e testemunhar silenciosamente, sem julgamento ou resistência, a voz de "todas as mulheres" que eles ouvirem como um conjunto de temas coletivos e universais. Em seguida, são trocados os lugares: as mulheres sentam-se no círculo exterior e os homens expressam suas mais profundas esperanças, medos e necessidades. Eles respondem às mesmas perguntas, começando com as palavras: "Como um homem...".

Não é necessário dizer que o que se desenrola é pungente e profundamente revelador para cada grupo sobre a sua própria realidade e a do outro. Especialmente os homens, que não foram socializados para sentir verdadeiramente os seus sentimentos e permitir-se ser vulneráveis de uma forma segura. Ambos os grupos em geral ficam chocados com o surgimento das "feridas masculinas" menos conhecidas, mas extremamente significativas em torno de questões como sentimentos de inadequação em sua paternidade, sua capacidade de prover para sua família e seu legado pessoal.

Uma profunda compaixão, que os budistas chamam *mahakaruna*, toma conta do espaço, já que cada grupo é capaz de compreender melhor e perdoar a si mesmos e uns aos outros. Todos levam uma sensação duradoura de respeito e aceitação de sua existência interdependente.

TRANSFORMANDO NOSSOS IMPULSOS NAS NOSSAS BASES DE PODER

Assim como o triângulo dramático pode se tornar um triângulo consciente de *dharma*, nós também podemos trazer à consciência os impulsos do "eu em quatro partes" e usá-los como bases de poder da nossa liderança. Esses impulsos estão dentro de nós, quer nós os reconheçamos quer não. Juntos, *eros*, *thanatos*, *logos* e *mythos* alimentam a nossa jornada para a individuação.

Sri Aurobindo, em seu livro *A Mãe*, descreve os quatro principais poderes de Shakti que, juntos, possibilitam a vida consciente. São as qualidades de harmonia, força, sabedoria e perfeição. Nós fomos agraciados com essas qualidades quando oferecemos o nosso ego e o substituímos com a Presença autêntica.[11]

"EU" EM QUARTO PARTES	ARQUÉTIPOS DE LÍDERES MADUROS	PODERES DE SHAKTI
Logos	Soberano	Sabedoria
Thanatos	Guerreiro	Força
Mythos	Mágico	Perfeição
Eros	Amante	Harmonia

Adaptado de *Rei, Guerreiro, Mago, Amante*, por Robert Moore e Douglas Gillette, e *A Mãe*, por Sri Aurobindo.

Como líder Shakti, você está convidado a cultivar a Presença, envolver-se e examinar seus impulsos internos. Você pode achar que quando evoca *eros*, produz um estado de harmonia e de fluência interno. *Thanatos* oferece a força, *logos* dá sabedoria, e *mythos* traz você para uma perfeição mais completa. Harmonia e força são *eros-thanatos* tornados conscientes; da mesma forma, *logos-mythos* revelam sabedoria e perfeição.

Além disso, à medida que você entrar em si próprio como um líder adulto, pode muito bem encontrar-se flexionando entre os quatro arquétipos principais de uma psique madura que os junguianos oferecem: o Soberano (Rei/Rainha), o Guerreiro, o Mago e o Amante.[12] O Soberano dominou *logos*, O Guerreiro, *thanatos*, o Amante, *eros*, e o Mago, o *mythos*.

Criar conscientemente uma abordagem para a liderança, que é a sua mistura única das quatro bases de Shakti (harmonia, força, sabedoria, perfeição), irá ajudá-lo a tornar conscientes seus impulsos inatos e aproveitá-los para abastecer a si próprio. A Presença permite tornar conscientes seus impulsos inconscientes. Os quatro principais aspectos do Shakti oferecem bases de poder verdadeiro para recorrer, em vez de ser impulsionado por jogos de poder ego-sombra, dentro e em torno de você.

CAPÍTULO OITO

À medida que ativa os quatro principais poderes de Shakti, você pode descobrir que eles são presenças conscientes dentro de você – presenças que você pode acessar e manifestar quando necessário. Muito parecido com o seu eu-superior, elas também atendem à oração, invocação e confirmação. Conexões profundas e realizadoras são possíveis com segurança com essas forças Shakti, que fazem uma parceria conosco enquanto estivermos a serviço altruísta para o nosso propósito superior e bem maior.

Desses quatro arquétipos de liderança, um pode ser mais ressonante com o seu jeito de ser preferido, o seu *swabhav*. Você deve ancorar-se nessa fonte de energia enquanto retira energia dos outros três, conforme necessário.

Você não está condenado a ser controlado pelo seu inconsciente para sempre. Você pode trazer à consciência os impulsos inatos de seu ego-sombra e ganhar acesso através deles para o poder do seu eu-superior.

UMA NOVA MITOLOGIA PARA UMA NOVA CONSCIÊNCIA

Precisamos desenvolver uma nova mitologia se quisermos alcançar uma nova consciência com uma nova compreensão sobre o poder. Nós também precisamos recontar alguns dos mitos antigos a partir dessa nova consciência, mitos que foram interpretados pela velha consciência patriarcal de uma humanidade imatura. Manter sistemas e maneiras de ser desatualizados simplesmente funcionando não nos serve mais. Por exemplo, Sita, a heroína do antigo épico indiano Ramayana, é exaltada como a esposa obediente e casta de Rama, que é uma encarnação do próprio Vishnu, o preservador divino. Muitas mulheres na Índia e ao redor do mundo que se relacionam com o mito estão reinterpretando-o e recontando-o do ponto de vista de uma Sita poderosa, dona de seu destino. Ao fazê-lo, elas curam a sua própria história e criam um mito pessoal mais adequado e eficaz.

UMA NOVA MITOLOGIA PARA OS NEGÓCIOS

Joseph Campbell era um forte defensor de um novo "mito-único", que ele sentia ser essencial para a humanidade sobreviver. O movimento Capitalismo Consciente está tentando criar uma nova mitologia para os negócios – uma em que o negócio tenha um propósito maior que não só o lucro, líderes conscientes que sejam maduros e plenamente humanos, culturas nas quais as pessoas cuidam umas das outras, desenvolvidas a partir de amor e confiança, e parcerias ganha-ganha com todas as partes interessadas.

Esse movimento chega num momento em que a era digital leva a economia para uma nova fase. É grandemente exemplificado e conduzido por empreendedores com mentes e corpos jovens, que não carregam a carga dos mitos ultrapassados dos negócios antigos baseados em uma visão que agora é amplamente reconhecida como egoísta, utilitária e tacanha.[13] Eles prosperam com o poder de novas ideias e funcionam como criadores que estão reimaginando o mundo, em vez de tentar mudar gradualmente as instituições que já são cheias de bagagem, incapazes ou não de se adaptar aos novos tempos.

Antes que essa nova era de negócios fique condicionada em sua própria mitologia (pois tudo, eventualmente, precisa ser impulsionado e sustentado), nós oferecemos "Abraçando a Energia Feminina e Masculina nos Negócios" para apreciação. A evolução e a história deram aos líderes de hoje a tarefa, como criadores de uma nova economia baseada no poder das ideias, a responsabilidade assustadora, mas feliz, de reimaginar um mundo, um novo mundo que funcione para todos. Ao abraçar ativamente a ideia de se tornar mais consciente acessando Shakti, os líderes de hoje podem mostrar o caminho.

Devemos escolher o novo mito com sabedoria, conscientemente abraçando o poder coletivo do feminino e do masculino para libertar o espírito heroico dos negócios a fim de elevar a humanidade. Todo o resto vai se encaixar naturalmente: a visão, as capacidades, os valores, as competências, os comportamentos e os resultados desejados para a liderança e para a empresa.

Fechando

A experiência interior humana de *eros-thanatos* e *logos-mythos* tem sido um verdadeiro campo de batalha, um *kurukshetra* da

CAPÍTULO OITO

guerra entre o masculino e o feminino pela supremacia sobre o outro, tragicamente cancelando/destruindo o outro no processo. Eles têm sido, nas palavras de Jung, "os opostos que se reúnem na conjunção... quer confrontando *um ao outro em inimizade* quer atraindo *um ao outro em amor*".[14] Agora que temos aparentemente esgotado todas as possibilidades baseadas no ego/medo, nós estamos prontos para baixar as nossas armas e relaxar nas infinitas possibilidades do amor baseado na alma.

Compreensão, aceitação e perdão são necessários a todos. Agora é o momento para o masculino e o feminino fazerem uma parceria em vez de tentar dominar o outro – como antígenos e anticorpos que trabalham uns com os outros para trazer uma resistência indestrutível de nosso ser encarnado.

OS LÍDERES SHAKTI FALAM: SOBRE VOAR EM CÍRCULOS

A autora e ativista Lynne Twist oferece uma metáfora convincente para descrever a metamorfose que estamos vivendo coletivamente:

Algo que está acontecendo agora no mundo é o que chamo de o Século de Sofia – o século no qual as mulheres vão ter o seu legítimo papel em igual parceria com os homens. Há uma profecia maravilhosa dos povos nativos americanos chamada de "A Profecia da Águia". Ela diz que, por muitos séculos, o pássaro da humanidade tem voado basicamente com uma asa, e que essa é a asa masculina. A asa feminina não foi totalmente estendida; ela foi amarrada e não foi totalmente expressa, enquanto a asa masculina, a fim de manter o pássaro da humanidade voando, se hiperdesenvolveu e tornou-se realmente violenta e, como resultado, o pássaro da humanidade tem voado em círculos. Este é o século em que a asa feminina da humanidade, ou a expressão feminina, vai estender-se plenamente. Quando ela fizer isso, a asa masculina será capaz de relaxar e o pássaro da humanidade vai voar às alturas, em vez de voar em círculos. Essa metáfora é tão comovente porque não faz com que os homens estejam errados. Eu sinto isso em mim mesma; quando estou totalmente expressa nas energias das minhas duas partes, masculina e feminina, eu vou às alturas. Eu voo como um líder; eu voo como um seguidor; eu voo como um ser humano. Quando estou retraída, impedida ou me sentindo oprimida e fraca como mulher, e tento compensar usando muita da minha energia masculina, acabo voando em círculos.[15]

Talvez seja o destino espiritual da Índia formatar e sintetizar todas as forças espirituais divergentes do mundo. Como o autor e estudioso Neela Bhattacharya Saxena disse: "A contribuição da civilização indiana para o mundo tem sido a tecnologia que ela desenvolveu durante milhares de anos: a ciência da interioridade, como ir para dentro, como realmente integrar. Isso é a ioga. Essa tecnologia já veio ao mundo ocidental. Se conseguirmos ligar os pontos, não há mais Leste-Oeste".[16]

Com respeito e no espírito de serviço, oferecemos aqui a ideia de Shakti como um pedaço da profunda sabedoria iogue que tem um potencial enorme para transformar nosso mundo, ajudando toda a humanidade a avançar com amor e graça. Por tempo demais, metade da humanidade foi presa e mantida subjugada. Nós também repudiamos metade da nossa psique, a parte que nos torna verdadeira e profundamente humanos, o aspecto que é conectado mais intimamente com os nossos eus-superiores e nossa natureza divina.

A Liderança Shakti costura todos os diversos elementos juntos em uma tapeçaria intrincada que se estende além do homem-mulher, atravessa o Oriente-Ocidente, mistura o nativo e o moderno, bem como o humano, o arquetípico e o divino. Ela inclui todos e não subjuga ninguém. Ela procura criar um mundo no qual todos florescem e abrem-se – um mundo em que todos nós podemos ganhar.

A humanidade está em um ponto de virada evolucionário, movendo-se inexoravelmente para a frente a seu destino divino de *ananda* ou bem-aventurança. O caos que estamos vivendo não é um colapso, mas um avanço, um trabalho enorme do Shakti divino dando vida a uma nova consciência. Se escolhermos vê-lo como um chamado para viver com alegria e evoluir conscientemente à vida divina, podemos acolher uma nova era de humanidade desperta e próspera.[17]

CAPÍTULO OITO

Acreditamos que o objetivo máximo da evolução da natureza é alcançar um planeta e uma humanidade aperfeiçoados e funcionando como um único organismo em harmonia e equilíbrio. Que as mulheres e os homens possam entrar, acelerar e sair juntos. Vamos deixar Shakti assumir a liderança e mostrar o caminho para eles manterem todo o céu junto!

Homem inteiro, mulher inteira, mundo inteiro. Manifestando Shakti. Que a Força (Shakti) esteja com você.

Vamos dançar!

EPÍLOGO

Shakti fala

"Shakti Fala" começou em fevereiro de 2014 como uma coluna mensal pela coautora Nilima Bhat, baseada em diálogos do Círculo das Mulheres, uma iniciativa do *DNA*, um jornal nacional na Índia. O objetivo da coluna é restaurar as relações de gêneros e possibilitar que as mulheres aumentem a sua consciência e conectem-se com o poder primordial interno.

Um grupo diverso de mulheres de diferentes faixas etárias, níveis de escolaridade e de trabalho se formou em círculos Shakti para explorar suas mais profundas esperanças, medos e necessidades. Elas abordaram questões do tipo: como mulher, o que lhe dá alegria? O que lhe causa dor, medo e raiva? O que você precisa amar, aceitar, perdoar e enterrar?

O que emergiu – o alcance e a profundidade do material descoberto e processado – surpreendeu a todos nós. As questões se dividiram em cinco grandes temas: Maternidade, Vulnerabilidade, Mulheres contra Mulheres, Invisibilidade e Desejo. Cada um é uma questão existencial de significado profundo.

Baseadas na natureza psicoespiritual dos temas e na abordagem de Nilima a partir da perspectiva de uma ioguini, essas colunas evoluíram para um "Gita para as Mulheres" para os dias de hoje, onde Shakti dá instruções divinas para Sadhana sobre o que seu *dharma* deveria ser. (Sadhana representa a mulher comum. Seu nome significa "prática de aprendizagem".)

Ao contrário do diálogo entre Krishna e Arjuna (que é a base para o Bhagavad Gita, texto indiano reverenciado), não há esse diálogo dhármico disponível da Deusa Mãe para a Mulher Comum, que é a sua emanação, sua criança. Assim, a coluna evoluiu para "Diálogos Shakti – A Mulher Comum Conversando com seu Eu-eterno". É uma cura, um seguimento psicoespiritual do aclamado *Monólogos da Vagina*, de Eve Ensler, sobre o espaço das questões das mulheres.

Redefinindo a maternidade

Por que a maternidade ainda define as mulheres? Por que a vida de uma mulher é considerada incompleta sem experimentar a maternidade? Por que é o tudo ou nada da existência de uma mulher?

Sadhana chegou em casa em lágrimas. Era seu décimo aniversário de casamento. Ela vestiu seu novo sari, deu um beijo de bom-dia em seu marido e saiu para o trabalho antecipando com alegria a sua promoção que deveria ser anunciada naquele dia. Ela tinha trabalhado duro para isso e com certeza merecia. A vida estava boa.

Na metade do dia, sua mãe ligou. Sadhana orgulhosamente anunciou seu novo cargo, esperando que a mãe sentisse alegria pela sua conquista. (Em algum lugar no fundo de sua mente, a voz de sua mãe sempre a encorajou a brilhar e fazer o melhor. Ela se sentia como uma criança de oito anos de idade de novo, que tinha chegado em casa com seu boletim dizendo "1º lugar," a sua mãe resplandecente de orgulho.)

"Este não é o momento de se sentir orgulhosa, querida. Eu acabei de falar com a sua sogra. O que você anda fazendo? Já se passaram dez anos e você ainda não concebeu! O que está esperando? O relógio está correndo e seus óvulos estão acabando. Você não era nenhuma criança quando K casou com você. Chega desse negócio de carreira. Você já teve seu tempo para satisfazer suas ambições pessoais, agora se dedique à maternidade."

Sadhana desligou o telefone com as mãos trêmulas. O fantasma tinha voltado para assombrá-la mais uma vez. K e ela não tinham contado ao resto da família sobre suas várias viagens para a clínica de fertilidade nos últimos quatro anos. A sequência de momentos "quase" grávida e de tentativas sem sucesso foi um sofrimento sem fim para os dois, e eles tinham finalmente decidido que se fosse para acontecer naturalmente, aconteceria.

K se jogou de volta no seu trabalho e ela também. No entanto, ultimamente, mulheres por todos os lados no escritório pareciam estar engravidando, e ostentavam suas barriguinhas. Algo tão pequeno mexia com ela de tal maneira que ela reprimia antes mesmo que pudesse sentir.

O telefonema de sua mãe abriu as portas do que quer que fosse que ela tivesse mantido trancado a sete chaves. Assim que chegou em casa, ela correu para seu altar e, estremecendo, abriu caminho para um tsunami de sentimentos confusos, imagens e forças desconhecidas que a dominaram. Ela não sabia exatamente por que estava chorando. Suas lágrimas eram dela e, no entanto, pareciam vir de algum lugar além dela... como se de repente ela estivesse trazendo à tona a dor de todas as mulheres que não tinham tido um filho.

Era engraçado. Ela pensou que tivesse feito as pazes com não ter filhos e agora não conseguia entender sua própria convulsão.

"Por que a maternidade ainda define as mulheres?", ela lamentou. Hoje em dia, quando estamos no mesmo nível que os homens na educação e no local de trabalho, por que a vida das mulheres ainda é considerada incompleta sem experimentar a maternidade? Por que é o tudo ou nada? "Eu não estou no comando do meu próprio corpo, do meu próprio destino? Eu não tenho o direito de escolher como eu quero viver minha vida? Eu não posso não incluir a maternidade?". Mesmo quando ela falava isso, sentia aquele mal-estar difuso, estranho, em algum lugar de seu ventre. Dessa vez, ela decidiu não ignorá-lo.

Sua respiração desacelerou e ela ficou quieta. Como um tipo de Alice no País das Maravilhas, ela parecia ter sido puxada através do vórtice do seu umbigo... de volta em um espaço escuro, lá no fundo do seu ventre... ou era o ventre de sua mãe? Era só um Enorme Ventre Escuro.

Epílogo

De repente, sua angústia, dor e medo pareceram se dissolver. Era como se ela tivesse entrado em um espaço secreto, sagrado, eterno. Ela se sentia em casa, mas diferente de qualquer casa real em que já tivesse vivido. Seu ser inteiro relaxou profundamente em uma sensação indescritível de conforto.

O Vazio era vivo e poderoso. Ela sentiu uma presença por todos os lados. "Quem é você?", Sadhana perguntou com admiração.

A PRESENÇA RESPONDEU:

Sou Shakti. Eu sou a Grande Mãe, o Poder Criativo do qual este multiverso emergiu. De cada planeta, estrela e galáxia, para plantas, animais e seres humanos. Até os anjos, deuses e aqueles que você chama de demônios.

Como você, cada um é um aspecto único de tudo o que eu tenho em meu ser. Em um lila *(jogo) eterno, sem fim, eu me crio e me recrio, de todas as maneiras em que eu possa experimentar a* ananda *(bem-aventurança) que EU SOU.*

Você saiu do meu ventre para que eu pudesse agora sair pelo seu, de todas as maneiras que você dá vida ao que lhe traz alegria, quando você cria beleza e expressões que vitalizam e dão poder aos ciclos da vida.

Até agora, a vida em seu planeta é propagada através dos filhos que vocês dão à luz. Toda vez que você dá à luz, torna-se divina e nisso realiza o seu maior potencial, a sua divindade manifesta. Você experimenta o poder de dar a vida e seus êxtases inefáveis.

Na nova era que está sobre você agora, minha Presença em seu ventre está procurando realizar a todos nós, expressando poderes e mistérios de beleza e magnificência inenarráveis que não só vão resolver os problemas que sua espécie criou para si mesma, mas também vão evoluir o planeta e sua consciência para um nível totalmente novo. Seu ventre e seu corpo de mulher contêm as sementes de capacidades, dons e sabedoria que você vai parir e trazer para o mundo, escolhendo ou não parir uma criança humana.

O mundo de hoje é uma transição das maneiras antigas para as novas. Não se preocupe em perceber-se com crenças que não lhe servem mais. Elas vão passar, para serem substituídas por valores apropriados para a Vida Consciente que está se manifestando. Como mulher, seu ventre é um recurso extraordinário que você terá que usar para trazer ideias e expressões criativas para a nova era. Cuide bem dele. Ouça a sua sabedoria e descanse em seus poderes regenerativos. Torne-se a sua própria mãe; dê à luz e nutra o seu novo eu-criança, que vai crescer e prosperar com os caminhos do feminino despertado.

Você está encarregada agora de se tornar uma mãe para o mundo, não para apenas um ou dois filhos. O "desconforto" que sente em seu corpo cada vez que vê mulheres grávidas é apenas a minha Presença que agora a engravidou. Estou feliz que você finalmente tenha olhado para dentro. Você está realmente grávida de mim, assim como cada homem e mulher está neste momento. Agora, é a minha consciência que está rompendo e despertando no mundo. Preste muita atenção e leve-me adiante de todas as maneiras que puder.

Toda vez que você abaixar suas espadas contra vocês mesmos como homens e mulheres e enxergarem uns aos outros igualmente como meus filhos, você dará à luz a mim. Toda vez que manifestar obras com estética de alto nível, descobrir soluções inclusivas para problemas, desprender-se com amor responsável de tudo o que não lhe serve mais e abraçar seu lado obscuro com compaixão e sabedoria, você dará à luz a mim. Você experimenta a maternidade de uma maneira que honra e cumpre o potencial divino do seu corpo.

Quando você consegue definir a maternidade desta forma, consegue perceber que realmente é o tudo ou nada de ser de uma mulher? Abrace esta nova realidade para si mesma, querida criança, ser do meu próprio Ser. Vire seu problema de ponta-cabeça. Diga sim à maternidade, tornando-se uma mãe para o mundo.

VULNERABILIDADE: FORÇA OU FRAQUEZA?

Existe um nível adequado de expor-se/ser vulnerável? Como mulher, a minha preocupação é: "Minha gentileza não deve ser tomada como um sinal da minha fraqueza". Nossas glândulas lacrimais (lágrimas) estão frequentemente hiperativas. Nós choramos quando estamos tristes, com raiva, felizes ou quando cortamos cebolas! Exceto a última, o que acontece entre as mulheres e as suas lágrimas? É psicossomático? É condicionamento social? Evolução/regressão fisiológica? Tenho a necessidade de desabafar, o alívio catártico de chorar. Eu não entendo por que as lágrimas vêm, por vezes sem controle.

"O que acontece entre as mulheres e as suas lágrimas?!". Sadhana estava sentada na frente de seu altar. Seu rosto mostrava todas as suas emoções confusas – da tristeza à raiva, à exasperação, para apenas um simples sentimento desconhecido. Sem nenhuma razão ela havia caído em lágrimas em sua entrevista de avaliação.

Ela tinha entrado superconfiante. Tinha trabalhado muito e tinha muito para mostrar. Ela sabia que estava competindo contra dois colegas do sexo masculino muito competentes e lógicos, que pareciam saber exatamente onde estavam no esquema das coisas. Eles sabiam como jogar o jogo, como competir no mundo cão. Ela também tinha aprendido muito bem as mesmas habilidades. Há muito tempo tinha prometido a si mesma: "Minha gentileza não vai ser considerada como minha fraqueza". Quando ela ouviu seus subordinados rindo baixinho e falando que ela era um "homem de saias", longe de se sentir ofendida, tinha ficado secretamente satisfeita.

Em seguida, a chefe de RH perguntou: "Você sabe que faz parte da promoção se mudar para uma área Naxalite. Como mulher, você tem certeza de que consegue?" (O movimento Naxalite é um levante violento em áreas do leste da Índia).

Ela tinha antecipado essa pergunta e ensaiou sua resposta com palavras *blasé* e corajosas, cuidadosamente escolhidas. No entanto, de repente, do nada, sua garganta ficou apertada, sua voz engrossou, e com o rosto enrugado, as lágrimas começaram a brotar...

Essas lágrimas horríveis!

"Veja, Sadhana, nós contratamos pessoas independentemente do seu sexo. Temos uma expectativa de que você faça um trabalho. Todas as promoções aqui são baseadas somente nessa competência. Não espere ser mimada ou receber um tratamento de *sexo frágil*. Emoções não têm lugar em uma meritocracia."

Sadhana se desculpou, rapidamente terminou a entrevista e saiu da sala. Mesmo enquanto se repreendia por sua perda de compostura, sabia que tinha de alguma forma falhado... não apenas na entrevista, mas com ela mesma.

E assim, lá estava ela, em seu altar, seu refúgio. Seu olhar procurou por força nos olhos das suas amadas divindades e objetos sagrados dados por sua mãe e angariados em estandes de vendas de templos e de igrejas. Tinha falhado com todos eles. Estava tão triste por no final das contas ser apenas uma mulher fraca e chorosa.

"Mãe, como paro de sentir? São os sentimentos que me tornam vulnerável. Eles são o meu calcanhar de Aquiles! Não importa quanto eu tente esmagá-los, negá-los, ser forte e estoica, eles simplesmente não vão embora. Se os reprimo, eu me torno insensível e me sinto como um autômato, como se algo em mim estivesse morto. Quando eu reprimo os meus medos, culpa, vergonha, eu também não consigo sentir alegria, harmonia, beleza e o bom da vida."

"Eu posso abafar meus sentimentos e aprender a viver de forma racional, mas por que eu não consigo me controlar e me despedaço? É tão vergonhoso, humilhante e me desautoriza tanto, quando simplesmente caio aos prantos nos momentos mais impróprios. Eu não choro só quando estou triste. Eu choro quando estou com raiva ou impotente e mesmo quando deveria estar feliz! A minha vulnerabilidade é a minha fraqueza. Mostrá-la é inadequado! Aproveitam-se de mim por causa disso".

E A GRANDE MÃE, QUE TUDO VÊ E QUE TEM COMPAIXÃO, FALOU:
Minha criança, tudo está bem, mesmo. É assim que eu desejava que fosse. Como um ser humano e como mulher, você tem um lugar primordial na minha criação. Você está aqui para manifestar todas as capacidades da minha própria natureza infinita. Os seus sentimentos, que você está deplorando, que fazem você vulnerável, são o seu recurso mais extraordinário. Vulnerabilidade não é uma desvantagem. É uma habilidade que eu construí no seu sistema.

Sua capacidade de se ferir emocionalmente é necessária para o seu ser completo, indestrutível, manifestar tudo o que ele pode ser e tudo o que ele pode experimentar.

Você se lembra de quando era criança e pegou varicela? Seu sistema imunológico foi acionado para combatê-la, e no processo o seu corpo desenvolveu uma resistência e imunidade biológica para nunca mais pegar aquela doença. Sentimentos e emoções são a minha maneira de desencadear a sua imunidade psicológica para que você aprenda a dobrar, a não quebrar e tornar-se resistente como o bambu.

Mas é muito mais do que isso! Eu não criei você para simplesmente sobreviver. Eu criei você para prosperar! Para viver plenamente e saborear a fundo cada raspa, todo o suco possível da vida. Este é o meu lila, *o meu jogo. Através de você, eu experimento cada possibilidade em mim mesma.*

A Era da Mente supervalorizou a racionalidade e a razão, a objetividade e um afastamento contemplativo como um sinal de força. Quando o homem nega seus sentimentos e emoções como fraquezas inadministráveis e incontroláveis, ele nega também o meu Shakti, o poder vitalizante, a essência da vida vibrante.

Sua vulnerabilidade é preciosa. Sua ferida mantém você real, em contato com todo o potencial criativo que está esperando por você. Não é a sua fraqueza, é a sua glória, o seu portal para a sua verdadeira força.

É por isso que eu fiz sentimentos e emoções fora do controle de seus pensamentos e crenças, que podem limitá-la. Especialmente suas lágrimas! Eu as liguei diretamente ao seu corpo, que vive na verdade sempre. O seu corpo não pode mentir, e suas lágrimas não podem ser controladas. Você também não pode fingir as lágrimas. Quando a minha Presença é tocada em sua alma, quando você é tocada pela verdade de algo, o seu âmago bruto, não condicionado, autêntico, se alegra! Porque ele sabe que vive. Ele te conta isso criando aquele mar de lágrimas para você parar e prestar atenção! Por um breve instante, o véu foi levantado e meu Mistério, a sacralidade da vida, está presente em seu mundo de uma importância imaginária, inconsciente, entorpecida. Pare e passe através da entrada da sua ferida. Do outro lado está a sua divindade, a sua vulnerabilidade indestrutível. Onde você pode reivindicar o seu todo-mulher, um ser humano inteiro.

Alegrem-se e descansem na liberação de sua plenitude! Até os deuses invejam a sua vulnerabilidade, porque eles não sentem com a profundidade que você sente.

Mulheres contra as mulheres

As mulheres não são igualmente culpadas em relação ao patriarcado? Elas não praticam o favoritismo em casa, contra suas filhas e noras? Eu fico sempre espantada porque uma mulher (que pode ser a sogra, a chefe, ou às vezes até uma colega) não consegue entender outra (irmã, nora, subordinada). Por que a mesma pessoa que pode dar à luz a crianças do sexo masculino ou feminino, aquela que é conhecida por sua capacidade de perdoar e por seu amor, não tem compreensão para com outra mulher? Há jogos de poder frequentes entre as mulheres; por que somos muitas vezes nossas piores inimigas?

Sadhana desligou a TV com desgosto. O programa era uma cena bem conhecida do Mahabharata, quando Kunti diz a seus cinco filhos para compartilhar Draupadi igualmente como esposa. Como eram filhos obedientes, eles compartilharam. Ninguém perguntou o que Draupadi tinha a dizer sobre isso!

Ninguém prestou muita atenção nessa parte do épico. Certamente não era o que Sadhana tinha ouvido de sua mãe. Foi uma nota de rodapé em uma história sobre grandes guerreiros de *dharma*, Maharathis que sempre quiseram fazer o que era certo.

Uma nova consciência estava despertando em Sadhana nesses dias; ela encontrou-se questionando coisas que no passado simplesmente tinha aceitado como normais. De repente, havia coisas inaceitáveis por todos os lados que ela olhava!

"Grande Mãe, Kunti foi uma esposa também. E uma mãe que não casou. Com certeza ela entendia os sentimentos de uma mulher e a santidade do seu corpo. Ela pode ter carregado de bom grado grandes filhos de diferentes deuses, para o bem de suas dinastias. Mas por que ela assume que Draupadi poderia, ou pior, deveria fazer essa mesma escolha? Ou será que as mulheres nunca têm mesmo o poder de escolher?"

"Mas por que censurar nossos mitos, que talvez precisem ser reinterpretados para os tempos modernos? Olhe mais perto de você. Saroja, minha *bai* que vem para limpar a nossa casa e trabalha em quatro outras casas, é o principal sustento de sua família. Seu marido é um alcoólatra, e ela tem que sair, pegar seus filhos na escola, cozinhar, limpar e gerenciar todas as tarefas da casa, acordando às 5h, antes de todo mundo, e ser a última a ir para a cama. Ela tem uma sogra e uma cunhada que vivem com eles, que não ajudam em nada, pois é considerado seu dever como *boa esposa e nora*. Pior, elas desaprovam que ela use joias ou esteja bonita, pois pode atrair a atenção de outros homens. Todos os saris que eu lhe dei foram imediatamente tomados por sua sogra e dados como dote à filha solteira. Saroja não pode ter quaisquer desejos próprios!"

"Todo lugar que eu olho, vejo isso se repetir, como um teatro do contrário. As mulheres não são o sexo empático? Nós não sentimos amor e bondade mais do que os homens? Por que é que podemos derramá-los em nossos pais, maridos e filhos, mas de alguma forma acabamos negando e rebaixando as vozes e as necessidades de outras mulheres? Mesmo quando elas são nossas próprias mães, irmãs, filhas e colegas?"

SHAKTI FALA:
Lembre-se sempre, minha filha, as mulheres estão saindo de vários milhares de anos de patriarcado, onde o poder estava nas mãos dos homens. Esse poder, que vem do meu Shakti, é o combustível para toda a vida.

Em sua "perda de poder" de mim, as mulheres tiveram que lutar e se alimentar dos restos que sobravam após os jogos de poder entre os homens e do mundo em que estabeleceram as normas. Não julgue as mulheres muito severamente pois elas estavam presas no mesmo drama: a falsa crença de que o meu Shakti é limitado e deve ser comercializado como uma arma para a sobrevivência.

Como ambos, homens e mulheres, passaram pelo ciclo do uso e abuso de poder, é chegado o momento de fato para você reinterpretar suas mitologias a partir de um nível de consciência totalmente novo.

EU SOU Shakti, a fonte inesgotável de energia da criação, preservação e transformação, dentro de todos nós. Desperte para mim e saia da escassez e do medo para a suficiência e o amor.

Em sua jornada para recuperar o seu poder e tornar-se mestre de seu próprio destino, ninguém é seu inimigo, ninguém é seu amigo. Todos são igualmente seus professores.

Quer te desafiando, quer te apoiando, veja as mulheres em sua vida como em conjunto criando o kshetra (campo) perfeito para destilar o seu espírito, para o seu eu verdadeiro brilhar, resiliente e inviolável! Juntos, eles te ajudam a encontrar e forjar o seu dharma, *a sua própria jornada da heroína, para se tornar tudo o que você pode ser!*

Veja a verdade do ser delas e agradeça, pois elas te servem na sua evolução.

A INVISIBILIDADE DAS MULHERES

Trezentos anos de comércio de escravos devastaram completamente a África. Criaram grandes extensões de deserto. Houve guerras intertribais, ódio e pa-

ranoia. *A visão dos comerciantes de escravos era de que os negros eram subumanos. Pensando dessa forma, eles deixaram de ter qualquer senso de empatia com as vítimas. Quais os feitos nas mulheres de 5.000 anos de submissão e repressão? Como impactou nossa psique coletiva? As mulheres ainda são consideradas subumanas em muitas partes do mundo. Qual foi a implicação?*

Sadhana estava profundamente perturbada. Ela tinha acabado de chegar depois de participar do seu primeiro círculo das mulheres. Foi um encontro de mulheres como ela nunca tinha experimentado antes. Mulheres perfeitamente sãs, "normais", educadas, e emancipadas como ela sentaram-se em um círculo e compartilharam suas esperanças, medos e necessidades mais profundas. Havia algo sobre o círculo e aquele processo que revelava verdades que ela conhecia, mas nunca tinha sido capaz de falar a respeito. Mais preocupante, verdades que ela nem sabia que não sabia, talvez enterradas no fundo de seu inconsciente, tinham aparecido à medida que cada mulher compartilhava. Elas trouxeram à tona verdades sobre a injustiça e a desigualdade, estereótipos negativos e preconceitos inconscientes que mesmo as mulheres como ela, educadas e profissionais, ainda enfrentavam no século 21!

Mulheres em uma "sociedade livre" ainda andam com medo de serem violadas – seres humanos que podem ser dominados por outros mais fortes do que eles. Em tempos que buscamos sucesso e não mais sobrevivência, seria possível pensar que o nosso medo mais profundo seria falhar. Mas Sadhana tinha ouvido diversas vezes que o medo mais profundo de cada mulher é ser violada de alguma forma, não apenas emocionalmente, mas fisicamente.

Ela ponderou: "O que milhares de anos de patriarcado fizeram com nossa psique?".

Ela tinha sido chamada para o círculo por uma urgência súbita que sentiu para encontrar respostas. Tinha algo de subumano no modo como um grupo de homens tinha dominado fisicamente e abusado sexualmente de mulheres em dois casos de estupro horrorosos nas grandes cidades.

Sadhana vasculhou a internet atrás de respostas e deparou-se com pesquisas na teoria da dominância social, que estuda como o poder tende a ficar polarizado entre os grupos sociais dominantes e subordinados. Houve uma época de proprietários *versus* escravos, então colonizadores *versus* colonizados, e, ao final, homens *versus* mulheres. Foi observado um fenômeno psicológico e comportamental estranho quando um grupo social dominava o outro: o grupo dominante parou de "ver" o grupo subordinado. Foi como se eles tivessem se tornado invisíveis para eles. Eles eram subumanos, objetos criados para servir às necessidades dos dominadores. Os subordinados não eram diferentes da terra ou materiais sem sensibilidade a ser extraídos, colhidos ou explorados.

Horrorizada por começar a ver a invisibilidade das mulheres que vem sendo perpetrada de formas sutis e não tão sutis em todas as áreas da vida, Sadhana perguntou: "Mãe? Por quê…? Como…?".

Uma raiva e vergonha debilitante apareceram quando ela se confrontou com sua própria impotência frequentemente experimentada e sua invisibilidade.

Na grande calma de seu ser, Shakti fala:
Entre na sua quietude, venha a mim. Deixe-me respirar com você.
Sendo visível, sendo invisível.
Sentindo conforto, sentindo desconforto.
Respire comigo e domine essas polaridades. Flua com cada uma.
E encontre sua liberdade neste flow.
Esteja com um, em seguida, com a mesma facilidade, esteja com o outro. Como inspirar… e expirar.
OM Ma… Om Sri Ma.
Emergir agora… Dissolver agora.
Tranquilidade agora… Agitação agora.
Permita cada experiência e mova-se através de cada experiência. Com Presença. E libere-me, o seu Shakti bloqueado nelas. Torne-se. Mais. Poderosa.
Olhe mais profundamente. Existe talvez um propósito secreto na sua humilhação? Humilhação leva à humildade. Na humilhação poderia estar o berço da glória.
Quando você perde o seu senso de autoestima, o seu ser-ego experiencia a sua ferida. Esta dor e impotência causa-lhe uma viagem

interior, um despertar, e dá à luz o seu verdadeiro poder, o seu Shakti.
Você atinge, então, o seu real valor, o seu merecimento de ser e tornar--se o tudo o que há.
Expire e desapareça completamente. Inspire e emerja verdadeiramente.
Emerja para reivindicar e realizar o seu lugar único nesta grande evolução.
Este é meu projeto embutido, para evoluir a Criação.
Não há problema em ser visível. Não há problema em ser invisível. Ambas são opções para você fazer e experimentar. Apareça e brilhe. Emerja do fogo do seu dominador que a testa. Da mesma forma, domine a invisibilidade e aprenda a entregar o seu ego para o meu plano superior. De que outra forma você poderá entrar no seu próprio, seu verdadeiro poder, iluminado?

Desejo

As expectativas injustas que nos elevam e nos rebaixam.

"No minuto em que ouvi a minha primeira história de amor, eu comecei a procurar por você, sem saber que isso era um ato cego. Os amantes não se encontram finalmente em algum lugar. Eles estão dentro um do outro o tempo todo."

Sadhana ficou atordoada num silêncio chocado quando leu Rumi. As palavras do poeta e místico persa do século 13 pareciam falar com ela com o frescor de uma rosa que tinha apenas florescido.

Ela não compreendeu completamente a citação inteira. Já nas primeiras palavras ela não respirava normalmente: "No minuto em que ouvi a minha primeira história de amor, eu comecei a procurar por você...".

Era como se seu fôlego nunca tivesse se afastado da busca desde então.

Rumi sabia o seu segredo mais profundo?

Ela estava casada havia dez anos, e, lentamente, começou a perceber que ainda estava procurando – apesar de ter tido um romance maravilhoso com um homem bom, bonito, um "príncipe encantado" que havia se casado com ela e cuidava dela em todos os sentidos.

Assim que o nevoeiro inebriante da lua de mel acabara, ela tinha de repente sentido um vazio. Não importava quanto ela lutava para trazer o sentimento de "apaixonada" de volta, cozinhar e limpar a casa após ir e voltar do trabalho apontavam para uma realidade diferente. A piada "após o êxtase, a lavanderia" de repente fez sentido e não era engraçada.

Como K tornou-se um provedor focado, mantendo um trabalho constante, gerenciando as finanças e subindo a escada corporativa, Sadhana sentia-se cada vez menos notada e atendida como uma mulher desejável, encantadora. Ela tinha que encontrar o romance que ela desejava em séries na televisão ou novelas piegas que a absorviam até tarde da noite. Sem falar que era também mais seguro do que ter um caso!

Naqueles dias, parecia que ela vivia duas vidas: a que o mundo via, em que ela era uma esposa que cumpria as tarefas, domesticada, e a vida secreta de seus sonhos, em que ela ia à procura de um amado, sem nome, cujo rosto ela ansiava por ver.

Sem saber o que fazer com esse anseio que não ia embora, Sadhana veio ao seu altar, seu único refúgio. "Mãe, por que não posso ser feliz, apesar de ter um marido fiel, que me provê tão bem? O que é esse desejo? Por que eu sinto como se algo precioso estivesse muito perto, mas faltando? Por que me sinto como um deserto esperando ser hidratado por chuvas torrenciais?"

SHAKTI FALA:

Não se desespere, minha filha. O seu desejo é o meu desejo, a união com êxtase do corpo e do espírito que dá vida. Eu sou a sua força vital procurando dançar com meu senhor dentro de você. Ele é Shiva, a sua consciência desperta. Quando você se fundir com ele, como um rio encontra o oceano, sua sede será finalmente saciada. Não espere que seu marido ou qualquer homem te satisfaça. Essa é a expectativa mais injusta e só vai levar à decepção certa. Ao invés disso, preste atenção ao resto da citação de Rumi: "Os amantes não se encontram finalmente em algum lugar. Eles estão dentro um do outro o tempo todo".

Desperte para Shiva. O Amado, que ambos procuramos, está no interior. E o tempo todo ele te amou. Ele é o sol da manhã acariciando seu rosto voltado para o alto. As duchas frias em seus lábios ressecados. A terra quente perfumada após as primeiras chuvas. As flores florescendo ao longo de seu trajeto na primavera. O abraço quente do seu marido nas noites frias de inverno. Shiva faz amor com você o ano inteiro. Ele a penetrou tão profundamente, a possuiu tão completamente. Você não vê?

Bela adormecida, abra os seus olhos e veja o rosto de seu amado. Ele tem esperado você acordar e a levado a prazeres além de qualquer coisa que sua inocência poderia conceber.

Notas

Prólogo
1. FLYNN, James R. *Are We Getting Smarter?*: Rising IQ in the Twenty-First Century. Cambridge: Cambridge University Press, 2012.
2. ALFASSA, Mirra. *Rays of Light*: Sayings of the Mother. Pondicherry: Sri Aurobindo Ashram Publications Department, 1997, p. 169.
3. Discurso de Martin Luther King Jr., "I Have a Dream", realizado em 28 de agosto de 1963, no Lincoln Memorial, Washington, D.C. <http://www.americanrhetoric.com/speeches/mlkihaveadream.htm>.
4. ADKINS, Amy. Majority of U.S. Employees Not Engaged Despite Gains in 2014. *Gallup*, 28 jan. 2015. <http://www.gallup.com/poll/181289/majority-employees-not-engaged-despite-gains-2014.aspx>.
5. CSIKSZENTMIHALYI, Mihaly. *Flow*: The Psychology of Optimal Experience. Nova York: Harper Perennial Modern Classics, 2008.
6. CHAKRAS.NET. *Shiva and Shakti*. <http://www.chakras.net/yogaprinciples/22-shiva-and-shakti>.
7. SARASWATI, Swami Shankardev; STEVENSON, Jayne. What Is Shakti?. *Big Shakti*, 19 ago. 2015. <https://www.bigshakti.com/what-is-shakti/>.

8. SARASWATI, Swami Nischalananda. Shiva & Shakti – The Twin Realities. *Yoga Magazine*, mar. 1991. <http://www.yogamag.net/archives/1991/bmar91/twins.shtml>.

Capítulo 1: buscando Shakti

1. KEMPTON, Sally. Entrevista com Nilima Bhat e Raj Sisodia, 16 mar. 2015.
2. TWIST, Lynne; BARKER, Teresa. *The Soul of Money*: Reclaiming the Wealth of Our Inner Resources. Nova York: W.W. Norton & Co., 2006, p. 48-55.
3. KEMPTON, op. cit.
4. STERN, Caryl. Entrevista com Nilima Bhat e Raj Sisodia, 2 abr. 2015.
5. SHEAHAN, Casey. Entrevista com Nilima Bhat e Raj Sisodia, 1º abr. 2015.
6. KILBOURNE, Jean. Entrevista com Nilima Bhat e Raj Sisodia, 1º abr. 2015.
7. Ibid.
8. Ibid.
9. Ibid.
10. FONCECA, Jason. 12 Top Feminine and 12 Top Masculine Traits That Could Change Your Life. *Ryze Empire Design for Ambitious Creatives*, 31 jan. 2012. <http://ryzeonline.com/feminine-masculine-traits/>.
11. Ibid.
12. KEMPTON, op. cit.
13. BARRETT, Colleen. Entrevista com Nilima Bhat e Raj Sisodia, 29 abr. 2015.
14. BROWN, Judy Sorum. Welcoming the Feminine Dimensions of Leadership. *Reflections: The SoL Journal*, v. 4, n. 4, p. 49-54, 2003.
15. GERZEMA, John; D'ANTONIO, Michael. *The Athena Doctrine*: How Women (and the Men Who Think Like Them) Will Rule the Future. San Francisco: John Wiley & Sons, 2013, p. 256.
16. TWIST, Lynne. Entrevista com Nilima Bhat e Raj Sisodia, 27 mar. 2015.

17. VOGLER, Christopher. *The Writer's Journey*. Studio City: Michael Wiese Productions, 2007. [Ed. bras.: *A Jornada do Escritor*: Estrutura Mítica para Escritores. São Paulo: Aleph, 2015.] Isso é baseado nos princípios gerais da individuação (Jung) e outras escolas de psicologia como a análise transacional de Eric Berne.
18. Trabalho não publicado de Vijay Bhat de jun.-set. 2015.

Capítulo 2: Liderando com Shakti

1. WILLIAMS, Frank J. The Women in Lincoln's Life. In: SIMON, John Y.; HOLZER, Harold (Ed.). *The Lincoln Forum*: Rediscovering Abraham Lincoln. Nova York: Fordham University Press, 2002, p. 25.
2. BUCHANAN, Leigh. Between Venus and Mars: 7 Traits of True Leaders. *Inc.magazine*, jun. 2013. <http://www.inc.com/magazine/201306/leigh-buchanan/traits-of-true-leaders.html>.
3. TWIST, Lynne. Entrevista com Nilima Bhat e Raj Sisodia, 27 mar. 2015.
4. Gostaríamos de reconhecer a contribuição de Vinit Taneja, Vijay Bhat, Arjun Shekhar, Gagan Adlakha, Arul Dev e Kiran Gulrajani pelo desenvolvimento do modelo não publicado.
5. BROWN, Judy Sorum. Welcoming the Feminine Dimensions of Leadership. *Reflections: The SoL Journal*, v. 4, n. 4, p. 49-54, 2003. Usado com a permissão do autor.
6. SHAICH, Ron. Painel de discussão no *CEO Summit do Capitalismo Consciente*, Austin, 12 out. 2011.
7. SHEAHAN, Casey. Entrevista com Nilima Bhat e Raj Sisodia, 1º abr. 2015.
8. FREEMAN, R. Edward. Painel de discussão no *CEO Summit do Capitalismo Consciente*, Austin, 12 out. 2011.
9. MACKEY, John. Painel de discussão no *CEO Summit do Capitalismo Consciente*, Austin, 12 out. 2011.
10. KOFMAN, Fred. Painel de discussão no *CEO Summit do Capitalismo Consciente*, Austin, 12 out. 2011.
11. FU, Ping. Entrevista com Nilima Bhat e Raj Sisodia, 1º abr. 2015.

Capítulo 3: Presença: a chave mestra

1. CAMPBELL, Joseph. *The Hero with a Thousand Faces*. Londres: Fontana, 1993, p. 44. [Ed. bras.: *O Herói de Mil Faces*. São Paulo: Pensamento, 1989.]
2. Gostaríamos de reconhecer a contribuição de Vinit Taneja, Vijay Bhat, Arjun Shekhar, Gagan Adlakha, Arul Dev e Kiran Gulrajani pelo desenvolvimento deste modelo não publicado.
3. GOUDREAU, Jenna. Do You Have "Executive Presence?". *Forbes Online*, 29 out. 2012. <http://www.forbes.com/sites/jennagoudreau/2012/10/29/do-you-have-executive-presence/>.
4. O Eneagrama é um modelo de tipificação de personalidades com nove variações. Quando perdemos a Presença, três tipos de personalidades das nove tendem a apropriar-se e assumir um modo defensivo. Três tipos de personalidade tocam o coração e agem em modo de autopromoção. Os três últimos tipos de personalidade sobem à cabeça e levam ao estado de medo. Acesse https://www.enneagraminstitute.com/ para mais detalhes.
5. STERN, Caryl. Entrevista com Nilima Bhat e Raj Sisodia, 2 abr. 2015.

Capítulo 4: A jornada heroica

1. CAMPBELL, Joseph. *The Hero with a Thousand Faces*. Londres: Fontana, 1993, p. 219. [Ed. bras.: *O Herói de Mil Faces*. São Paulo: Pensamento, 1989.]
2. KEMPTON, Sally. Entrevista com Nilima Bhat e Raj Sisodia, 16 mar. 2015.
3. MCINTOSH, Steve. *Evolution's Purpose*: An Integral Interpretation of the Scientific Story of Our Origins. Nova York: SelectBooks, 2012.
4. CAMPBELL, op. cit., contracapa.
5. MURDOCK, Maureen. *The Heroine's Journey*. Boston: Shambhala Publications, 1990, p. 2, 187.
6. Ibid.
7. ESTÉS, Clarissa Pinkola. *Women Who Run with the Wolves*: Myths and Stories of the Wild Woman Archetype. Nova

York: Ballantine Books, 1997 [Ed. bras.: *Mulheres que Correm com os Lobos*: Mitos e Histórias do Arquétipo da Mulher Selvagem. Rio de Janeiro: Rocco, 2014]; PERERA, Sylvia Brinton. *Descent to the Goddess*: A Way of Initiation for Women. Toronto: Inner City Books, 1981.
8. MURDOCK, op. cit.
9. LIVELY, Penelope. *Introduction to The Mythical Quest*: In Search of Adventure, Romance & Enlightenment, by Rosalind Kerven. Portland: Pomegranate, 1996, p. vii–ix.
10. FONCECA, Jason. 12 Top Feminine and 12 Top Masculine Traits That Could Change Your Life. *Ryze Empire Design for Ambitious Creatives*, 31 jan. 2012. <http://ryzeonline.com/feminine-masculine-traits/>.
11. Adaptado de MURDOCK, op. cit., p. 5.
12. Ibid., p. 48-60.
13. Ibid., p. 48.
14. O homem, por outro lado, tende a retornar à sua tribo original e avançar em sua transformação.
15. KEMPTON, Sally. *Awakening Shakti*: The Transformative Power of the Goddesses of Yoga. Boulder: Sounds True, 2013, p. 221-235.
16. ESTÉS, op. cit., p. 394-397.
17. LIPTON, Bruce. *Imaginal Cells in the Dying Caterpillar*. Vídeo do YouTube. <https://www.youtube.com/watch?v=-7DLokOQZlag>.

Capítulo 5: Tornando-se Pleno
1. SHEAHAN, Casey. Entrevista com Nilima Bhat e Raj Sisodia, 1º abr. 2015.
2. CENTER FOR INTEGRAL WISDOM. Chamada de 11 ago. 2015. <http://www.ievolve.org/>.
3. Este material foi adaptado de BHAT, Vijay; BHAT, Nilima. *My Cancer Is Me*: The Journey from Illness to Wholeness. Nova Delhi: Hay House, 2013, p. 41-43. Adaptado com a permissão de Hay House Publishers Índia, Nova Delhi.
4. GELB, Michael. Apresentação da conferência sobre Capitalismo Consciente, Bentley University, Boston, 17-18 maio 2011.

5. JUNG, C. G. *Collected Works*. Princeton: Princeton University Press, 1959. v. 9, parte II.
6. Esse é um destilado dos ensinamentos de Carl Jung.
7. MURDOCK, Maureen. *The Heroine's Journey*. Boston: Shambhala Publications, 1990, p. 4.
8. Ibid., p. 160.
9. Ibid., p. 161.
10. BHAT; BHAT, op. cit., p. 86-87. O que se segue foi extraído do trecho intitulado "The Wounded Inner Child", uma vez que acreditamos que esse material está alinhado com a jornada da Liderança Shakti em sua totalidade. Extraído com permissão da Hay House Publishers India, Nova Delhi.
11. SKEA, Brian. Jung, Spielrein, e Nash: Three Beautiful Minds Confronting the Impulse to Love or to Destroy in the Creative Process. In: BEEBE, John (Ed.). *Terror, Violence and the Impulse to Destroy*: Perspectives from Analytical Psychology. Einsiedeln: Daimon, 2003.
12. BEEBE, John (Ed.). *Terror, Violence and the Impulse to Destroy*: Perspectives from Analytical Psychology. Einsiedeln: Daimon, 2003.

Capítulo 6: cultivando a flexibilidade

1. Apresentação da conferência sobre Capitalismo Consciente na Bentley University, Boston, 17-18 maio 2011, inspirado por Rosabeth Moss Kanter.
2. Mapeamento de polaridade descrita em detalhes em JOHNSON, Barry. *Polarity Management*: Identifying and Managing Unsolvable Problems. Amherst: HRD Press, 1992 e também no site http://www.polaritypartnerships.com.
3. TWIST, Lynne. Entrevista com Nilima Bhat e Raj Sisodia, 27 mar. 2015.
4. COLLINS, Mabel. *Light on the Path*. Londres: George Redway, 1888. [Ed. bras.: *Luz no Caminho*. Brasília: Teosófica, 2000.] Adaptado do depoimento original: "Intelligence is impartial; no man is your enemy; no man is your friend. All alike are your teachers".

5. KARPMAN, Stephen B. Fairy Tales and Script Drama Analysis. *Transactional Analysis Bulletin*, v. 7, n. 26, p. 39-43, 1968.
6. HEGGIE, Betty Ann. Making the Most of Your Energy Archetype. *Conferência WIN*, Berlim, 1º out. 2014.
7. KEMPTON, Sally. Entrevista com Nilima Bhat e Raj Sisodia, 16 mar. 2015.
8. HEGGIE, op. cit.
9. Adaptado de TURNER, Caroline. A Balance of Both Masculine and Feminine Strengths: The Bottom-Line Benefit. *Forbes*, 7 maio 2012. <https://www.forbes.com/sites/womensmedia/2012/05/07/a-balance-of-both-masculine-and-feminine-strengths-the-bottom-line-benefit/#37c3938379e7>. Veja também TURNER, Caroline. *Difference Works*: Improving Retention, Productivity and Profitability through Inclusion. Austin: Live Oak Book Company, 2012 e http://www.difference-works.com.
10. WITTENBERG-COX, Avivah. The Company of the Future. *Conferência WIN*, Berlim, 2 out. 2014.
11. Os quatro estágios do modelo de aprendizado de competências desenvolvido por Noel Burch no Gordon Training International (http://www.gordontraining.com/free-workplace-articles/learning-a-new-skill-is-easiersaid-than-done/).
12. WIGGLESWORTH, Cindy. *SQ21*: The Twenty-One Skills of Spiritual Intelligence. Nova York: SelectBooks, 2012.
13. SELHUB, Eva. *The Love Response*: Your Prescription to Turn Off Fear, Anger, and Anxiety to Achieve Vibrant Health and Transform Your Life. Nova York: Ballantine Books, 2009.

Capítulo 7: alcançando a congruência

1. BUCHANAN, Leigh. Between Venus and Mars: 7 Traits of True Leaders. *Inc.magazine*, 13 jun. 2013. <http://www.inc.com/magazine/201306/leigh-buchanan/traits-of-true-leaders.html>.

2. SHEAHAN, Casey. Entrevista com Nilima Bhat e Raj Sisodia, 1º abr. 2015.
3. Do vídeo apresentado por Joanna Barsh na conferência sobre Capitalismo Consciente, Bentley University, Boston, 17-18 maio 2011.
4. RISO, Don Richard; HUDSON, Russ. *The Wisdom of the Enneagram*: The Complete Guide to Psychological and Spiritual Growth for the Nine Personality Types. Nova York: Bantam, 1999, p. 48. [Ed. bras.: *A Sabedoria do Eneagrama*: Guia Completo para o Crescimento Psicológico e Espiritual dos Nove Tipos de Personalidade. São Paulo: Cultrix, 2003.]
5. Debashis Chatterjee, artigo em desenvolvimento.
6. SHEAHAN, op. cit.
7. Ibid.

Capítulo 8: a promessa da liderança Shakti

1. KEMPTON, Sally. *Awakening Shakti*: The Transformative Power of the Goddesses of Yoga. Boulder: Sounds True, 2013, p. 1.
2. Do vídeo apresentado por Joanna Barsh na conferência sobre Capitalismo Consciente, Bentley University, Boston, 17-18 maio 2011.
3. Evidência desse ponto está bem sumarizada no livro de HUFFINGTON, Arianna. *Thrive*: The Third Metric to Redefining Success and Creating a Life of Well-Being, Wisdom, and Wonder. Nova York: Harmony Books, 2014.
4. MADDOX, Chris. The School of Nature. *The Wild Women Project Blog*, 22 jul. 2015. <http://thewildwomanproject.com/2015/07/the-schoolof-nature-wild-woman-initiation-lesson-1/>.
5. Publicação no Facebook de Caroline Myss. <https://www.facebook.com/201192805715/photos30879760715.284307.201192805715/10154475822725716/>.
6. POPCORN, Faith. Conferência sobre Capitalismo Consciente, Bentley University, Boston, 17-18 maio 2011.
7. BARLETTA, Marti. Entrevista com Nilima Bhat e Raj Sisodia, 28 maio 2015.

8. Ibid.
9. Entrevista com Alanis Morissette no palco do evento *Success 3.0*, Boulder, 31 out. 2014.
10. Incluído em "The Tao of Facilitation", de Kiran Gulrajani, e um círculo de mulheres de Valerie Gremillion.
11. The Mother (Mirra Alfassa). <http://www.auro-ebooks.com/themother/>.
12. MOORE, Robert; GILLETTE, Douglas. *King, Warrior, Magician, Lover*: Rediscovering the Archetypes of the Mature Masculine. Nova York: HarperOne, 1991. [Ed. bras.: *Rei, Guerreiro, Mago, Amante*: A Redescoberta dos Arquétipos do Masculino. São Paulo: Campus, 1993.]
13. KAY, John. Good Business. *Prospect Magazine*, mar. 1998.
14. JUNG, C. G. Mysterium Coniunctionis. In: *Collected Works*. Princeton: Princeton University Press, 1955/1963. v. 14.
15. TWIST, Lynne. Entrevista com Nilima Bhat e Raj Sisodia, 27 mar. 2015.
16. SAXENA, Neela. Entrevista com Nilima Bhat e Raj Sisodia, 3 abr. 2015.
17. SHARMA, Kumar S. *The Age of Ananda*: Conscious Evolution to the Life Divine. Los Angeles: Para Vidya Publishing, 2011, p. 192.

Agradecimentos

Este livro praticamente nasceu sozinho, por uma incrível série de sincronicidades. Nossa proposta de livro para Berrett-Koehler teria passado em branco como um navio no meio da noite, não tivesse Neal Maillet estado na plateia de um workshop (sobre Presença) de Nilima em uma conferência sobre Capitalismo Consciente organizada por Raj na Bentley University em Boston, alguns anos atrás. Neal estava em busca de novas ideias interessantes na área de liderança e ficou suficientemente impressionado naquela época pelo que tínhamos para contar. Antes mesmo que soubéssemos, tínhamos um contrato para um livro com "Shakti" como tema principal. Neal foi uma presença calorosa e apoiadora em nossas vidas desde que se tornou nosso editor, e somos imensamente gratos a ele.

Desde então, até o dia dos autores que nos foi preparado, ficamos profundamente impressionados com Berrett-Koehler e a sua visão, assim como sua ética e cultura de trabalho. Essa é uma organização com um propósito maior e consciente, que verdadeiramente vive o seu credo de "criar um mundo que seja bom para todos". Nós gostaríamos de agradecer em especial ao fundador Steven Piersanti, Jeevan Sivasubramaniam, Kristen Frantz, Katie Sheehan e seus colegas na Berrett-Koehler. Gostaríamos também de agradecer aos nossos revisores por seus comentários e sugestões perspicazes e úteis: Julie Clayton, Claire Pershan, Gauri Reyes, Kirsten Sandberg e Anita Simha.

Vijay Bhat foi instrumental de inúmeras formas na conceitualização e no desenvolvimento deste livro, como parceiro de vida e trabalho de Nilima por vários anos. Vijay é um pensador estratégico e incisivo, um professor inspirador e cativante, um conselheiro de confiança e um talentoso escritor. Somos profundamente gratos por toda a sua ajuda e o seu apoio. Estamos profundamente em dívida com muitos líderes e pensadores maravilhosos que compartilharam suas histórias e conhecimentos durante as entrevistas. Incluídos nessa lista estão Marti Barletta, Colleen Barrett, Kristin Engvig, Ping Fu, Samit Ghosh, Sally Kempton, Jean Kilbourne, Frederique Apffel-Marglin, Neela Bhattacharya Saxena, Casey Sheahan, Caryl Stern e Lynne Twist.

Gostaríamos de agradecer a Sam Yau e ao Esalen Institute por acolher dois de nossos programas de liderança consciente, em que muitas dessas ideias foram testadas com os participantes. Esalen foi também local de vários "Conclaves de Negócios Conscientes", nos quais nós aprofundamos o nosso entendimento de liderança consciente.

Somo agradecidos a Shubhro Sen por nos convidar a liderar o workshop de Liderança Shakti no consagrado Tata Management Training Center em Pune, na Índia, e organizar a gravação em vídeo; agradecemos também a Sanchi Illuri, em Bangalore, pelo seu fantástico trabalho meticuloso de transcrever e compilar o material base que se tornou a primeira versão do manuscrito; e, por fim, a Nic Albert, em São Francisco, por seu indispensável papel de formatar e afiar o manuscrito e cumprir os prazos mesmo após uma rápida recuperação de pneumonia! Também agradecemos à assistente acadêmica de Raj na Babson College, Molly Quaid, por seu extraordinário apoio de pesquisa nas diversas etapas da jornada de desenvolvimento do livro. Raj gostaria de agradecer também às suas filhas, Priya e Maya Sisodia, por sua ampla ajuda na transcrição das entrevistas e edição de várias versões preliminares.

Permita-nos adicionar uma nota pessoal aqui:

De Nilima:

"Finalmente, e talvez antes de tudo, eu reconheço meu estimado coautor Raj Sisodia. Sem ele esse livro simplesmente não teria sido possível. Obrigada, Raj, por sua total fé em mim e na mensagem deste livro, e por sua generosidade em conseguir uma bolsa de estudos e disponibilizar a sua rede para levar a ideia para o mundo afora".

De Raj:

"Trabalhar com Nilima neste projeto foi um privilégio extraordinário. Ela é uma amiga querida e uma professora que muda a vida: uma verdadeira e rara combinação de inteligência penetrante, aprendizado voraz, Presença autêntica, personificação espiritual e coração carinhoso. Essa experiência abriu minha mente, meu coração e espírito para inúmeras reflexões e possibilidades".

Sobre os autores

Nilima Bhat é uma facilitadora de transformação pessoal, coach individual e de organizações em busca de uma evolução de consciência. Ela é uma palestrante internacional e instrutora de cultura organizacional, negócios conscientes, mulheres em posição de liderança e autoconsciência para o equilíbrio entre trabalho e vida, assim como em sabedoria e tradições de bem-estar da Índia.

Anteriormente, Nilima passou dez anos na liderança do departamento de comunicação e relações públicas de grandes corporações como ITC-Welcomgroup, Philips Índia e ESPN STAR Sports.

Formou-se em Ciências e Bioquímica pela St. Xavier's College de Mumbai, seguida de um diploma em Comunicação Social pela Sophia Polytechnic de Mumbai. Posteriormente qualificou-se como professora de ioga pela International Sivananda Yoga Vedanta Centre, e é professora atuante na Integral Yoga of Sri Aurobindo and the Mother.

Dançarina treinada e coreógrafa, ela é cofundadora de uma companhia de dança (Sri Shakti), cuja missão é desmistificar as danças da Índia e as ciências espirituais para públicos internacionais. Depois de viver dez anos no exterior (Singapura, Londres, Hong Kong), Nilima retornou com seu marido para a Índia, em 2004, para criar uma empresa de consultoria em liderança,

Roots & Wings, e uma prática de medicina integral, Sampurnah. Eles publicaram recentemente um livro intitulado *My Cancer is Me* (Meu Câncer sou Eu), delineando uma abordagem integral e holística para o câncer.

Uma refugiada do mundo corporativo que se tornou uma ioguini, Nilima é hoje uma missionária global. Ela viaja pelo mundo alavancando a sua experiência corporativa e seus dezessete anos de práticas de saúde e crescimento consciente para ajudar a construir organizações fortes e agentes de mudança, especialmente mulheres, que possam liderar o planeta para soluções sustentáveis e de impacto positivo. Sua missão é a mesma que a da editora Berrett-Koehler: criar um mundo que seja bom para todos. Ela também escreve uma coluna intitulada "Shakti Speaks" (Shakti Fala), iniciada por uma empresa de mídia da Índia, com o objetivo de restaurar as relações de gênero e baseada no diálogo em círculos de mulheres.

A sua abordagem integral sintetiza as melhores práticas e caminhos de todas as partes do mundo, e foi customizada para atender às necessidades do seu público. Sua especialidade é no desenvolvimento de Inteligência Corporal e Inteligência Espiritual (Body Intelligence and Spiritual Intelligence).

Nilima já conduziu e facilitou treinamentos de liderança para Microsoft, Whole Foods Market, Tata, Societé Generale Bank, Vodafone e YPO, assim como para instituições acadêmicas e organizações de desenvolvimento como Indus International School e SKS Microfinance. Ela é uma ativa apoiadora do movimento Capitalismo Consciente e da rede internacional de mulheres WIN (Women's International Networking).

Aproximando-se dos 50 anos e tendo passado por uma série de "jornadas heroicas", como o câncer de sua mãe, o acidente de carro quase fatal de seu pai, que culminou em uma lesão cerebral, o câncer de seu marido e sua própria busca por um significado de seu repentino senso de fracasso em uma próspera carreira corporativa, Nilima revisa com espanto que a sua lista de destinos pelo mundo tem poucos lugares que ainda não foram riscados. Viajante ávida, encontrou recentemente um profundo significado liderando e se juntando às peregrinações pela paz aos pontos mais sagrados do mundo, de Kailash e Mansarovar, nos Himalaias, a Machu Picchu e Titicaca, nos Andes. Confortável em todas as culturas e ambientes socioeconômicos, desde limpar privadas a jantares com CEOs e entrevistando líderes globais, Nilima fala cinco idiomas e realmente considera o planeta como sua "casa".

Raj Sisodia é reconhecido globalmente como um acadêmico da área de negócios que desenvolveu trabalhos pioneiros em marketing e estratégia de negócios, éticas de marketing e produtividade, gestão de *stakeholders* e liderança. Ele é FW Olin Distinguished Professor de Negócios Globais e pesquisador acadêmico do Whole Foods Market e Capitalismo Consciente na Babson College. Também é cofundador e copresidente do Conscious Capitalism Inc. Ele foi professor curador de Marketing e diretor fundador do Centro de Marketing e Tecnologia da Bentley University. Tem um MBA pelo Bajaj Institute of Management Studies em Mumbai e um doutorado em Marketing pela Columbia University.

Em 2003, ele foi citado como um dos "50 Leading Marketing Thinkers" e nomeado para a "Guru Gallery" da organização inglesa Chartered Institute of Marketing (a maior associação de marketing do mundo). Em 2007, recebeu o prêmio "Award for Excellence in Scholarship" da Bentley University. Em 2008, foi laureado com o "Bentley University Innovation in Teaching". Foi escolhido como um dos doze "Outstanding Trailblazers of 2010" pelo Good Business International, e um dos "Top 100 Thought Leaders in Trustworthy Business Behavior" pela Trust Across America, em 2010. Autor de oito livros e mais de 100 artigos acadêmicos, Raj é mais conhecido por ser um dos autores de *Empresas Humanizadas: Pessoas, Propósito e Performance*. Esse livro narrou os raros, apreciativos e conscientes atributos de 20 empresas, demonstrando como elas geravam resultados extraordinários em múltiplas dimensões: altos retornos para os acionistas, comunidades prósperas, bem-estar dos consumidores e um senso de significado e propósito para as vidas de seus funcionários.

Raj é um dos protagonistas no movimento de rápido crescimento de Capitalismo Consciente e um dos curadores do Conscious Capitalism Inc. Seu livro *Capitalismo Consciente: Como Libertar o Espírito Heroico dos Negócios*, de coautoria com John Mackey, chegou à lista de best-sellers do *New York Times* e do *Wall Street Journal*. Seu livro mais recente é *Everybody Matters: The Extraordinary Power of Caring for Your People Like* (com Bob Chapman). Raj já fez mais de 750 apresentações em universidades líderes, corporações, entidades sem fins lucrativos e outras organizações ao redor do mundo. Ele foi consultor e lecionou em programas executivos para inúmeras empresas, ente elas AT&T, Nokia, LG, DPDHL, POSCO, Kraft Foods, Whole Foods Market, Tata, Siemens, Sprint, Volvo, IBM, Walmart, Rabobank, McDonalds e Southern California Edison. Faz parte do conselho do The Container Store.

Este livro foi impresso nas oficinas gráficas da Editora Vozes Ltda.,
Rua Frei Luís, 100 – Petrópolis, RJ.

Agradecimento pela versão em português

Agradecemos a Caroline Zulueta, Giovanna Gaiarim, Graziela Merlina, Sandra Souza e Thomas Eckschmidt pelo apoio financeiro que viabilizou a produção deste livro de suma importância para o Instituto Capitalismo Consciente Brasil.

Aproveitem a leitura com o coração aberto,

- Conselho
Instituto Capitalismo Consciente Brasil